DESIGN DE INTERAÇÃO EM GAMES

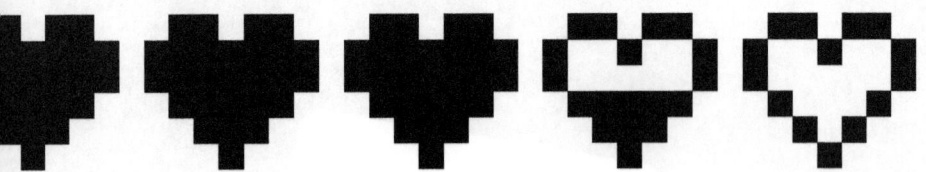

 Os livros dedicados à área de *design* têm projetos que reproduzem o visual de movimentos históricos. Neste módulo, as aberturas de partes e capítulos com *letterings* e gráficos pixelizados simulam a era dos jogos da década de 1980, que se tornaram febre nos fliperamas e levaram à popularização dos consoles domésticos.

DESIGN DE INTERAÇÃO EM GAMES

Leandro da Conceição Cardoso

Rua Clara Vendramin, 58 . Mossunguê . CEP 81200-170 . Curitiba . PR . Brasil
Fone: (41) 2106-4170 . www.intersaberes.com . editora@intersaberes.com

Conselho editorial
Dr. Alexandre Coutinho Pagliarini
Drª. Elena Godoy
Dr. Neri dos Santos
Dr. Ulf Gregor Baranow

Editora-chefe
Lindsay Azambuja

Gerente editorial
Ariadne Nunes Wenger

Assistente editorial
Daniela Viroli Pereira Pinto

Edição de texto
Arte e Texto
Monique Francis Fagundes Gonçalves

Capa
Luana Machado Amaro (design)
Audom/Shutterstock (imagens)

Projeto gráfico
Bruno Palma e Silva

Diagramação
Andreia Rasmussen

Equipe de design
Luana Machado Amaro
Charles L. da Silva

Iconografia
Regina Claudia Cruz Prestes

Dados Internacionais de Catalogação na Publicação (CIP)
(Câmara Brasileira do Livro, SP, Brasil)

Cardoso, Leandro da Conceição
　　Design de interação em games/Leandro da Conceição Cardoso. Curitiba: InterSaberes, 2022.

　　Bibliografia.
　　ISBN 978-65-5517-298-0

　　1. Comunicação e tecnologia 2. Interação humano-computador 3. Interfaces de usuários (Sistema de computação) 4. Jogos para computador 5. Jogos por computador – Design 6. Sistemas de computação interativos I. Título.

21-90229　　　　　　　　　　　　　　　　　　　　　　　　　　CDD-004.019

Índices para catálogo sistemático:
1. Design de interação: Humano-computador: Processamento de dados　004.019

Cibele Maria Dias – Bibliotecária – CRB-8/9427

1ª edição, 2022.
Foi feito o depósito legal.

Informamos que é de inteira responsabilidade do autor a emissão de conceitos.

Nenhuma parte desta publicação poderá ser reproduzida por qualquer meio ou forma sem a prévia autorização da Editora InterSaberes.

A violação dos direitos autorais é crime estabelecido na Lei n. 9.610/1998 e punido pelo art. 184 do Código Penal.

sumário

Apresentação 8

1 **Fatores humanos em interfaces digitais de interação** 14
  1.1 Aspectos cognitivos e físicos 17
  1.2 Sistema perceptual e sistema motor 21
  1.3 Recursos da percepção humana 29
2 **Formas e meios de interação** 50
  2.1 Interatividade e imersão 53
  2.2 *Design thinking* 59
  2.3 Princípios do design aplicados à interação 64
  2.4 Design de interação e design de experiência 80
3 **Projeto de interface de usuário** 86
  3.1 Fundamentos de interface 89
  3.2 Modelos conceituais e metáforas de interface 91
  3.3 Projeto de interfaces *mobile* para games 96
  3.4 Planejamento da interface do usuário 105
  3.5 Gerenciamento de projeto de interface de usuário 113
4 **Usabilidade e acessibilidade** 120
  4.1 Desenvolvimento de projetos de interação funcionais 123
  4.2 Usabilidade nos games 131

4.3 Acessibilidade **135**

4.4 Acessibilidade e padronização dos códigos de games em HTML5 **143**

4.5 Experiência do usuário (UX) e interface do usuário (UI) **145**

5 **Interatividade** **154**

5.1 Interatividade e a cultura da convergência **159**

5.2 Multidisciplinaridade e interatividade **163**

5.3 Diretrizes de interatividade **166**

5.4 *Frameworks* como facilitadores da interatividade **172**

5.5 Características básicas da interatividade nos games **178**

5.6 Interatividade em games para o aprendizado **182**

6 **Prototipação e avaliação de interfaces de usuário** **188**

6.1 Prototipação e animação dos personagens de games **191**

6.2 Trilha sonora e prototipação **199**

6.3 Identidade visual e prototipação **203**

6.4 Avaliação de interfaces de usuário **206**

6.5 Estratégias de pós-lançamento de um game **211**

6.6 Inovação como estratégia de design de interação **215**

Considerações finais **220**

Referências **224**

Sobre o autor **234**

apresentação

A interatividade pode ser considerada uma das questões cruciais do design, mais especificamente do design digital, o qual envolve várias áreas, entre elas o design de games. Assim, a interação está presente em diversos produtos em que é necessário ter uma comunicação digital. O projeto de ferramentas, tais como aplicativos, softwares, websites, entre outros, cujo objetivo é facilitar ou prestar o suporte para desenvolver determinada tarefa com o objetivo de realizar uma comunicação eficiente entre o homem e a máquina, é a função do design de interação em mídias digitais. Como todos os campos do design, o da interação precisa ter o cuidado para que o produto seja adequado e suas funcionalidades estejam de acordo com o objetivo proposto pelo projeto, considerando também sua fluidez. No sentido de provocar boas experiências em seu uso, tanto cognitivo quanto visual e emocional, no design de interação de um game, os gráficos, por exemplo, devem ser interessantes e de fácil compreensão.

O design de games é uma das áreas do design em que mais se empregam os fundamentos do design de interação, como os fatores da interface, que justamente podem ser considerados o elo entre o sistema do game e o jogador. Diante disso, é de grande importância o desenvolvimento de interfaces eficientes, que produzam, de maneira instantânea, a codificação de signos, ícones, elementos em geral de uma interface, com o objetivo de provocar uma ação, ou seja, a interação com o game.

O estudo de interfaces no design de games é mais aprofundado, pois deve ser pensado considerando que o interator é mais que um simples usuário, ou seja, é um jogador ativo, que tem o poder de realizar ações mais sofisticadas do que em outros produtos do design digital. A interação de um usuário, por exemplo, em um aplicativo, geralmente é de apenas apertar os botões das interfaces, gravar áudios, enviar vídeos, compartilhar informações. Já no game, o nível de interação é mais profundo, pois aproxima o jogador do game, gerando até mesmo um envolvimento emocional, em alguns casos.

Para que o design de interação ocorra em produtos como games, não basta desenvolver uma representação mostrando aspectos similares, usando como referência o mundo físico, ou seja, apresentando apenas uma realidade simulada. É importante levar em consideração a diversidade de gêneros que os games podem apresentar, entre os quais, vários que representam mundos imaginários, fictícios, em que não é possível usar referências do mundo real, sendo esse um dos grandes desafios para o design de interação.

Além disso, no design de games, a interatividade pode ser potencializada; o jogador tem o poder de executar ações impossíveis de serem elaboradas no mundo real, por exemplo, a velocidade que pode alcançar em um game de corrida ou um chute na bola em um jogo de futebol etc. Assim, no design de interação não bastar traduzir as ações físicas para que sejam executadas no mundo virtual do game, deve-se aprofundar as formas como o jogador vai interagir com o game.

Por isso, apresentaremos nesta obra os fatores humanos em interfaces digitais de interação, as formas e os meios de interação, o projeto de interface de usuário, de usabilidade e de acessibilidade, a prototipação e a avaliação de interfaces de usuário.

No Capítulo 1, trataremos dos fatores humanos relacionados às interfaces digitais de interação, enquanto no Capítulo 2 veremos as formas e os meios em que ocorrem interações. As questões que se referem ao projeto de interface do usuário serão tratadas no Capítulo 3, ao passo que no Capítulo 4 analisaremos os princípios de usabilidade e de acessibilidade nos projetos de interações. No Capítulo 5, abordaremos a questão da interatividade e seus desdobramentos, e finalizaremos, no Capítulo 6, tratando da prototipação e da avaliação referentes às interfaces de usuário.

Esses são temas importantes para quaisquer projetos de interação, especificamente para o design de games, recomendados porque auxiliam na fixação do conhecimento e no aprofundamento nos estudos, além da prática necessária quando da criação do primeiro projeto de design de interação.

CAPÍTULO 1

FATORES HUMANOS EM INTERFACES DIGITAIS DE INTERAÇÃO

A busca por compreender os fatores humanos em interfaces digitais de interação deve envolver estudos sobre o humano em relação ao conhecimento da tecnologia que este detém e de que maneira esta o influencia. Trata-se, porém, de uma via de duas mãos, não se tratando apenas do estudo de como a tecnologia influencia o homem, mas também de como ela é influenciada por ele. O homem procura adaptar-se à tecnologia, enquanto ela é desenvolvida para criar soluções que atendam às necessidades dele, sendo, assim, influenciada também.

No design de games – e, especificamente, no design de interação –, os fatores humanos estão relacionados às ações dos jogadores, e as interfaces digitais são os gráficos, as imagens e as animações que são apresentadas a eles.

A interação é justamente essa comunicação estabelecida com o humano, ou seja, entre o jogador e a interface que representa o jogo, e ocorre via botões, movimentos captados por sensores, seja de um smartphone, seja de um console. É importante conhecer as capacidades tanto cognitivas quanto físicas do homem, com foco em fatores que exercem influência no design de interação de sistemas computacionais, mas fazendo um recorte para o design de games.

Compreendendo os aspectos cognitivos e físicos relacionados ao design de games, aumentam-se as possibilidades de melhorar a qualidade da interação entre os jogadores e o game, ou seja, aumenta a satisfação do jogador ao executar o game. Nos aspectos cognitivos, é importante se aprofundar ou buscar pelo menos noções básicas em relação ao estudo da psicologia cognitiva sobre o comportamento humano. Ainda, é importante conhecer os processos mentais subjacentes, nos quais se estabelecem diretrizes do processamento de informações para conhecer esse comportamento.

A conceituação de interface também sofre evolução, bastando, para isso, entender se a interação de um game sempre foi a mesma. Não é necessário buscar referências de muito tempo atrás – por exemplo, os jogos de Atari –, basta observar as interações dos games nos consoles em relação aos dispositivos móveis, como tablets e celulares – há uma mudança clara no comportamento dos jogadores. Exemplo disso eram as residências com poucos aparelhos de televisão, nas quais o horário de jogar videogames era à noite, logo após a família assistir aos programas. Com a evolução da tecnologia, utilizando como exemplos os dispositivos móveis, alguns jogadores têm acesso ao game para executar o seu jogo em qualquer horário e local.

Os fatores humanos em interface digitais de interação, além de estarem relacionados aos estudos físicos e cognitivos, estão correlacionados a várias áreas da tecnologia e da ciência, por exemplo:

- estudos das redes neurais;
- inteligência artificial (IA);
- teoria da informação;
- cibernética, entre outros.

Mas é evidente que a interação humano-computador, de certa maneira, é uma região de fronteira que intercepta, no mínimo, a ciência da computação e a psicologia. Card, Moran e Newell (1983) foram os primeiros autores a desenvolver um modelo do usuário de computadores, com base no estudo do seu funcionamento psicológico, para entender como características intrínsecas ao ser humano afetam sua interação com computadores.

1.1 Aspectos cognitivos e físicos

Os **aspectos técnicos**, como a tipografia da interface de um game, podem apresentar legibilidade. No entanto, a utilização de fontes decorativas relacionadas ao tema do jogo em algumas situações não têm fácil legibilidade, dificultando a velocidade de leitura das informações pelos jogadores. Esses aspectos técnicos influenciam a área cognitiva, pois uma fonte com pouca legibilidade dificulta o entendimento do jogo, pela tempo que o jogador demora para ler a informação, além de atrapalhar a memorização desta. Entretanto, um game com tipografia decorativa no título ou em alguns locais, fator que foi planejado na interface, pode provocar impacto maior, chamando a atenção e afetando os mecanismos perceptuais, motores e de memória.

Estudiosos e profissionais da engenharia de computação identificam um sistema de processamento de informações em termos de memória, processadores, parâmetros e interconexões. Card, Moran e Newell (1983) citam o **modelo do processador de informação humano** (MPIH), cujo objetivo é facilitar a previsão da interação humano-computador com relação a comportamentos.

Aplicando esse conceito no design de interação direcionado para games, o MPIH busca prever quais são as interações, ou seja, as ações que o jogador executará em um game. Esse modelo é formado por um conjunto de processadores e memórias e um conjunto de princípios de operações, sendo os três subsistemas que fazem parte e interagem nesse modelo: (i) Sistema Perceptual (SP); (ii) Sistema Motor (SM); e (iii) Sistema Cognitivo (SC).

Para entender melhor essa situação, uma informação sensorial é captada pelos órgãos dos sentidos, normalmente audição e visão, mas, em alguns games, o tato também pode ser utilizado. Essa adaptação é observada em jogos de corrida – por exemplo, quando ocorre uma colisão, o controle vibra. Caso seja um game executado em um dispositivo móvel, como tablets ou smartphones, essa função de vibrar também pode ser facilmente configurada.

Em games imersivos, disponíveis em cabines em *shoppings centers*, é comum haver cadeiras que vibram, transmitindo uma experiência sensorial tátil. Nessas cabines, como se trata de um ambiente fechado e controlado, é possível disponibilizar informação sensorial de todos os sentidos: visão, audição, tato e até olfato. Existem empresas de marketing olfativo que disponibilizam experiências que podem ser aplicadas nessas cabines de games.

A televisão interativa passou por alguns testes que foram executados na televisão em 3D, no Brasil, mas o projeto não teve avanços porque havia a necessidade do uso dos óculos 3D. Esses testes são um dos exemplos de proposta de informação sensorial direcionada para o órgão da visão. Para as pessoas que se preocupam com a qualidade de áudio, a experiência pode ser aprimorada com o auxílio do *home theater*.

Existem algumas pesquisas que utilizam os resultados obtidos pelo marketing olfativo, logicamente interligados à ciência da computação, que propõem o uso de cápsulas olfativas sincronizadas com uma smart TV e com a transmissão digital. Essa pesquisa propõe que, conforme um programa é transmitido, alguns odores relacionados ao que está sendo assistido sejam lançados na casa do expectador, promovendo uma experiência olfativa.

A maioria dos avanços tecnológicos e dos estudos relacionados a essas experiências sensoriais em outras áreas, como a televisão, pode ser adaptada nos projetos de interação de games. A interface pode ir além da tela, propondo experiências de outros sentidos, não apenas da visão e da audição. Pensando nesse aspecto, um game pode propor experiência visual, auditiva, tátil e, também, olfativa. Imagine jogar um jogo em uma sala com uma televisão que propõe experiência olfativa, um joystick que propõe experiência tátil e um *home teather* que propõe experiência auditiva. Os aspectos físicos das sensações dos sentidos vão provocar experiências cognitivas totalmente diferentes em comparação a um game que é executado apenas em um smartphone, no qual, no máximo, a experiência auditiva é a do áudio que é ouvido por um fone, alternando entre sons do lado esquerdo e direito.

Aplicando esses exemplos apresentados no MPIH, as informações que são captadas pelos órgãos da visão e da audição são direcionadas para a memória curta duração, que também pode ser denominada *memória de trabalho*, que, por sua vez, ativa os *chunks*, comumente conhecidos como *memória de longa duração*. O fundamento principal de operação desse modelo é executar o ciclo reconhece-age do processador cognitivo.

Relacionando os aspectos cognitivos aos físicos no MPIH, o processador motor está associado a uma série de músculos, os quais são ativados pela memória de longa duração, com o propósito de concretizar fisicamente determinada ação. Na prática, quando um jogador utiliza pela primeira vez o joystick de um console, o processo do MPIH é executado e, conforme ele o vai utilizando, sua habilidade é aprimorada, pois já está na memória de longa duração transmitir as informações daquela maneira para o processador motor.

Outro aspecto importante que se refere aos fatores humanos em interfaces digitais de interação relacionado aos aspectos cognitivos é o sistema perceptual, que dispõe de sensores e *buffers* relacionados, os quais são denominados *memória da imagem visual*. O sistema perceptual inclui sensores relacionados à memória da imagem auditiva e tem a função de guardar a saída do sistema sensorial enquanto ela é codificada simbolicamente.

Tecnicamente, esse processo acontece quando o sistema cognitivo obtém a informação codificada simbolicamente em sua memória de curta duração e armazena previamente esses dados na memória de longa duração, com o objetivo de definir qual ação será tomada e responder de alguma maneira. Um exemplo é um jogo de futebol em que, em situações semelhantes, o jogador tomou a atitude de tocar a bola em vez de chutar para o gol. Quando ele está nessa mesma situação, todo esse processo é ativado por meio do sistema motor, que está relacionado à questão física, ou seja, refere-se a apertar as teclas do joystick na direção de executar a ação do chute. As memórias e os processadores do modelo são descritas por parâmetros, sendo que o principal é o tempo de ciclo, entre outros apresentados a seguir:

- capacidade de armazenamento em itens;
- tempo de desbotamento de um item;
- tipo do código utilizado na gravação – físico, acústico, visual e semântico.

1.2 Sistema perceptual e sistema motor

Captar as sensações do mundo físico que são detectadas por meio de sistemas sensoriais do corpo e transformá-las em representações internas é a função principal do sistema perceptual. No entanto, para compreender melhor esse sistema, é importante analisar os vários subsistemas. O sistema visual do ser humano é um grande exemplo de subestima, em que constam a visão periférica, a visão central e a movimentação dos olhos, que é sincronizada com a movimentação da cabeça. Esse sincronismo tem o objetivo de chegar a um resultado para promover a representação contínua da cena visual de interesse do observador. O sistema perceptual leva em consideração aspectos extremamente técnicos – por exemplo, pela retina ser sensível à luz, registram-se o comprimento de onda, a intensidade e a distribuição espacial desta.

Analisando o modo como é formada a visualização de uma imagem, mesmo que o olho humano adote a cena visual em praticamente meio hemisfério, os detalhes da visualização são obtidos apenas em uma região estreita, mais precisamente em dois graus, que recebe o nome de *fóvea*. As partes que sobram da retina se dedicam à visão periférica, que é necessária para orientação; assim, o olho fica em constante movimento, em uma espécie de sequência. Por exemplo, quando o olho vai captar um detalhe a mais de trinta graus da fóvea, é preciso que a cabeça se movimente para que aconteça a redução da distância angular:

Baseados em dados experimentais, colocam como medida típica para a duração total do movimento do olho (tempo de viagem + tempo de fixação), 230 ms, considerando um intervalo para tempo de fixação que varia nas pessoas de 70 a 700 ms. Essa variação é devida à complexidade da tarefa e à habilidade do observador. Para leitura, por exemplo, o movimento do olho em uma criança em seu primeiro ano de leitura é de 660 ms. (Card; Moran; Newell, 1983, p. 25)

Inúmeros fenômenos perceptuais, geralmente, acontecem em uma área tão grande que fica fora da fóvea, sendo necessário que o olho se mova para que possa realizar a visualização. No momento em que os movimentos dos olhos estão envolvidos, acontece o domínio do tempo requerido para tarefa, por exemplo, a velocidade em que uma pessoa pode ler determinado texto. Essa rapidez ocorre de acordo com a pessoa que capta a informação em cada fixação, ou seja, depende de cada olhar, devendo ser considerada a habilidade da pessoa que está lendo e a dificuldade do material.

No design de interação de um jogo, a dificuldade do material está relacionada ao modo como o design do game é construído, devendo ser considerados os fatores humanos em interfaces digitais de interação; na prática, isso trata de como são desenvolvidos todos os detalhes da interface. Observe um exemplo prático sobre a velocidade de leitura: se se considerar o tempo de sacada de 230 ms, caso a pessoa consiga captar uma letra nesse intervalo, a média de leitura pode ser considerada de 52 palavras por minuto, caso a frase tenha em média cinco letras por palavras.

> Para entender melhor, observe outro exemplo:
>
> Se em uma sacada se capta apenas uma palavra, a média de leitura pode ser considerada de 261 palavras por minuto; caso em uma sacada a pessoa consiga captar uma frase com média de 2,5 palavras, o tempo de leitura será de 652 palavras por minuto. Levando em consideração todas essas informações, é possível concluir que, com tempos de leituras superiores a esse, a pessoa que está lendo poderia estar, de certa maneira, pulando partes do texto em sua leitura. O tempo da leitura está intimamente ligado à relação de como é o material: se ele for considerado difícil, o tempo do processador cognitivo pode ser o limitante do tempo de processamento, citando o caso de uma leitura de texto; caso seja um projeto de game, deve haver outras considerações.

Para o design de interação de games, se o material for um jogo que seja de difícil compreensão para ser executado, o jogador certamente desistirá. Assim, um bom planejamento nos aspectos do sistema perceptual é imprescindível. Depois da apresentação de um estímulo visual, uma representação do estímulo aparece na memória da imagem visual (se o estímulo for auditivo, aparece na memória da imagem auditiva), sendo que a memória visual armazena a informação que foi codificada fisicamente.

Já o **sistema motor**, de acordo com o MPIH, depois do processamento perceptual e cognitivo, traduz a informação em forma de ação, em razão da ativação dos padrões de músculos voluntários. Comparando com o design de interação, o jogador vai interagir com game somente quando sua compreensão cognitiva resultar em uma ação de interação do jogo – por exemplo, se for uma partida de futebol, a ação pode ser um toque de bola ou chute para o gol.

Exemplificando de modo prático, o sistema motor, para os usuários de computador ou de um game de console, podem ser os sistemas do braço-mão-dedo e cabeça-olho, pois os conjuntos desses músculos são capazes de responder o impulso nervoso. Nos games de dispositivos móveis, esse sistema pode ser mão-dedo e cabeça-olho, e os braços não exercem uma grande função, se for considerado um game que não tenha sensor de movimento.

O **sistema cognitivo** tem utilidade ao conectar as entradas do sistema perceptual nas saídas corretas do sistema motor, mas grande parte das ações que são realizadas pelo ser humano são aprendizados complexos. Embora não seja de fácil percepção, conseguir entender um game na primeira vez que se joga é uma tarefa complexa, principalmente nos jogos de consoles, que têm joysticks com vários botões. Para que o entendimento aconteça, é necessário haver a sintonia de vários sentidos, por exemplo, da visão e da audição. Além desses sentidos, as ações no joystick devem ser ativadas pelo sistema motor, a fim de que os dedos pressionem as teclas no momento correto para executar a ação ideal naquele instante. Como vimos, a memória de trabalho, popularmente conhecida como *memória de curta duração*, é responsável por armazenar as informações intermediárias do pensamento, as quais são produzidas pelo sistema perceptual.

Para que uma ação, tal como pressionar um botão do joystick, seja efetuada, é necessário que ações estruturadas, que consistem em um subconjunto de elementos da memória de longa duração, sejam ativadas. Na prática, é o local em que as operações mentais obtêm seus operandos e deixam os resultados intermediários, sendo que, na interação de um game, as características do código são predominantemente simbólicas. Diante disso, a memória de longa duração é responsável por armazenar a massa de conhecimento do usuário, como procedimentos, fatos, história etc.

No design de interação, a **memória de longa duração** pode ser exemplificada como a habilidade que o jogador já possui de executar as ações rápidas para interagir em um jogo que já tenha jogado várias vezes, pois são resgatados de sua memória os procedimentos executados quando jogou anteriormente. Dessa forma, o MPIH, como qualquer outro modelo, não tem a pretensão de captar a complexidade e a grandeza, associando-as aos mecanismos humanos que são usados no processo do ser humano de pensar, perceber e agir. No entanto, esse modelo pode ser considerado uma aproximação das ações relacionadas à avaliação e à predição da *performance* em que o homem interage, por exemplo: computadores, mais especificamente aspectos ergonômicos envolvidos na interação.

O **MPIH** pode ser exemplificado de várias maneiras, como em um game de bilhar, no momento que uma bola bate em outra e causa o movimento da segunda bola que foi atingida. O desenvolvedor do game precisa planejar o que acontece depois dessa batida, o que vai causar o movimento da segunda bola após a colisão e em qual tempo deve iniciar o movimento da segunda bola para que o jogador tenha a sensação do movimento real. Analisando tecnicamente, conforme o MPIH, para que a batida da bola passe a sensação do movimento da segunda bola, é preciso que essa ação esteja dentro de um ciclo do processador perceptual. "A causalidade é percebida como uma função do tempo entre eventos associados aos movimentos das duas bolas, isto é, do tempo que decorre entre o final do movimento da primeira e o início do movimento da segunda bola" (Card; Moran; Newell, 1983, p. 32).

Na definição de Card, Moran e Newell (1983), a percepção da causalidade imediata se encerra em torno de 100 ms – ou seja, no momento do intervalo, entre o final do primeiro e o início do segundo movimento –, ocorre dentro de um ciclo do processo cognitivo e os eventos são considerados independentes em torno dos 180 ms.

O estudo do sistema perceptual e do sistema motor são extremamente técnicos, por isso é importante que os profissionais de design de games tenham o conhecimento ou a noção básica para aplicar o mínimo possível em seus projetos. O estudo do sistema cognitivo atrelado ao sistema motor pode analisar várias situações, por exemplo, o tempo que é preciso para mover o dedo em relação a um alvo, em um game executado em um dispositivo móvel. Esse tempo tem relação com a precisão relativa requerida, ou seja, embora os jogos executados em smartphones e tablets estejam normalmente na palma da mão, esse tempo se refere à distância até o alvo e ao tamanho na interface do game. Na prática, esse estudo pode ser utilizado para definir, por exemplo, qual é o melhor local em que devem ser posicionados determinados botões com as suas funções na interface de um game, medindo o tempo que levará para executar o movimento com o dedo.

Para os profissionais que desejam se aprofundar nos sistemas cognitivos, existem vários princípios com fórmulas matemáticas que facilitam a mensuração de quais tempos devem ser considerados para diversas situações, os quais podem ser empregados no design de interação.

Um exemplo é a Lei da Prática, que pode ser representada pela seguinte fórmula: $T_n = T_1 n^{-a}$, em que $a = 0 \cdot 4 [0 \cdot 2 \sim 0 \cdot 6]$, que pode estabelecer o tempo de executar determinada tarefa fundamentando-se em dados experimentais. Outro princípio é denominado *Hick's Law*, ou princípio da incerteza, no qual o tempo da tomada de decisão, representado como T, aumenta com a incerteza sobre o julgamento da decisão a ser feita e é dado pela expressão T = IcH. Nessa formula, H é a entropia da decisão, Ic = 150[0 ~ 157]ms/bit para *n* alternativas igualmente prováveis, H = log2(n + 1) para alternativas com diferentes probabilidades pi de ocorrência e H = somatória (em i) de pi(log2(1/pi+1).

No princípio da incerteza, a tarefa pressuposta pode ser analisada como uma sequência de decisões tomadas pelo processador cognitivo, sendo que o tempo requerido e o número de alternativas não são lineares, pelo fato de que as pessoas aparentemente podem organizar o processamento hierarquicamente.

O princípio da racionalidade, por sua vez, mostra como uma pessoa age para alcançar suas metas por meio de ação racional, determinada pela estrutura da tarefa e suas entradas de informação e limitada pelo seu conhecimento e sua habilidade de processamento. Esse princípio pode ser representado por meio da seguinte sequência: metas + tarefa + operadores + entradas + conhecimento + limites de processamento -> comportamento. Assim, esse princípio pode estabelecer que muito da complexidade do comportamento das pessoas é derivado não da complexidade das pessoas em si, mas da complexidade da tarefa/ambiente em que a busca da meta está acontecendo.

Já o princípio do espaço do problema se relaciona à atividade racional a que o humano se dedica para que um problema seja resolvido. Esse princípio pode ser descrito conforme a seguinte sequência:

- conjunto de estados do conhecimento;
- operadores para mudar um estado para outro;
- restrições na aplicação desses operadores;
- conhecimento para decidir que operador aplicar em seguida.

Considerando as informações até aqui apresentadas, o MPIH pode ser facilmente aplicado no design de interação, justamente por se tratar de uma aproximação que pode ser considerada no caso de aplicações reais. Para analisar e entender as opções de periféricos e de design que envolvem operações sensoriais, cognitivas e motoras do jogador, quando se trata de periféricos, é possível relacionar os diversos modelos de joysticks que podem ser usados nos consoles e nos computadores.

Nos dispositivos móveis, como smartphones e tablets, o uso de periféricos ainda não é comum, mas está se tornando cada vez mais popular com o avanço da tecnologia *bluetooth*. Já os periféricos para games normalmente são os fones de ouvido, que podem ser sem fio. Com a evolução constante de relógios inteligentes e pulseiras digitais, porém, há a tendência de que eles, de alguma maneira, possam ser usados nos games, pelo fato de apresentarem alguns sensores.

Todas as complexidades apresentadas não são, de nenhum modo, visualizadas pelo jogador em razão do design de interação, pois ele tem acesso apenas à interface. Laurel (1990) define *interface* como uma superfície de contato que reflete as qualidades físicas das partes que interagem entre si, razão por que é importante conhecer os modelos que a psicologia dispõe.

É por meio desses modelos que se torna possível os profissionais desenvolvedores de games entenderem como ocorre o comportamento dos jogadores em relação não só ao game em si, mas também no que se refere aos dispositivos que executam os games, como consoles, computadores, smart TVs e, atualmente, os dispositivos móveis como tablets e smartphones – no caso deste último, existem vários estudos comportamentais sobre como ser humano utiliza esses aparelhos.

Diante disso, é importante aliar o conhecimento dos mecanismos subjacentes aos processamentos perceptual, motor, cognitivo e à memória humana para o desenvolvimento de interfaces do design de games.

1.3 Recursos da percepção humana

Vários estudos relacionados à percepção humana foram elaborados, mas fazem um recorte em relação aos fatores humanos em interfaces digitais de interação e são mais específicos no design de games. É importante destacar que o jogador deve, de certa forma, perceber a informação apresentada na interface do game por meio dos sinais que a constituem.

Um jogo é um projeto de multimídia que tem como base a realidade virtual com imersão superficial. Mas os games podem ter características de imersão mais profundas, utilizando periféricos ou acessórios, como óculos de realidade virtual ou a utilização destes em cabines específicas para a execução de um game. Por apresentar essas características, é fundamental que seja claro o entendimento das várias modalidades perceptuais, não apenas do sentido da visão e da audição, que são os mais utilizados para compreender os projetos de interfaces.

O game pode potencializar, de certa maneira, a percepção humana e apresentar alguns fenômenos que não podem ser percebidos fora do ambiente imersivo do game, seja uma imersão superficial, seja uma imersão mais profunda. Alguns exemplos desses fenômenos são: uma luz infravermelha na trajetória de uma bala que foi disparada por uma arma; o crescimento de uma planta; e, nos games de futebol, vários ângulos que atualmente poucas transmissões televisivas apresentam. Mas esses ângulos já há algum tempo eram viabilizados nos games de jogos, com detalhes específicos no momento em que está fora do ângulo da bola, como expressões e outras situações que podem acontecer em uma partida de futebol. Esse aumento da potência da percepção humana pode ser utilizado nos projetos de games, pois influenciam a maneira como os jogadores interagem com eles, ou seja, nos fatores humanos em interfaces digitais de interação.

Para os profissionais de desenvolvimento de games que têm o objetivo de se aprofundar nessa área, existem inúmeras teorias com o objetivo de tentar procurar explicações sobre o modo como o ser humano percebe o mundo em suas situações do cotidiano. Esse conhecimento pode ser facilmente aplicado nos projetos de design de games, principalmente naqueles que são executados nos dispositivos móveis, pois estes fazem parte do dia a dia de grande parte da população mundial.

Uma das teorias que procura elucidar como acontece a percepção humana é a construtivista, a qual acredita que essa percepção em relação ao mundo é formada de maneira ativa por informação que se obtém do meio do ambiente, mas que também é adicionada ao conhecimento prévio armazenado na memória de cada pessoa – por exemplo, um jogador, na segunda vez que executa um game, tem a sensação de que é mais fácil, pois resgata de sua memória a primeira vez que executou o jogo. O processo cognitivo está extremamente ligado às teorias construtivistas, assim, explora-se o modo como o ser humano reconhece determinado objeto, que faz sentido em determinada cena.

Além das teorias construtivistas, existem as conhecidas como *ecologistas*. Preece et al. (1994) definem que *percepção* é um processo direto que envolve a detecção de informação do ambiente e não requer quaisquer processos de construção ou elaboração. Essas teorias apontam que os objetos carregam certas características que dirigem nossa percepção sobre eles, sendo que as leis da Gestalt para a organização perceptual, como de proximidade, fecho, similaridade, continuidade, simetria, são exemplos. Essas leis, de certa forma, podem explicar a maneira como as características que nos são apresentadas nos levam a perceber ou a deixar de perceber determinada informação.

1.3.1 **Gestalt**

A Gestalt é o estudo de como as pessoas percebem as formas, ou seja, a existência de padrões de comportamento visual que o ser humano percebe é a base para as leis da Gestalt. Trata-se de uma ciência que busca compreender as partes de uma forma, procurando entender todos os conceitos – físicos, emocionais e técnicos – que envolvem a compreensão de uma forma. Pode ser considerada a psicologia das formas, com base nos conceitos trabalhados por meio dos estudos da maneira como o cérebro percebe as formas. De maneira geral, essa percepção ocorre por meio de um todo de maneira unificada, e não mediante pontos individuais. Observe a figura a seguir, que exemplifica essa questão.

Figura 1.1 – **O estudo das formas pode chegar a múltiplos resultados**

A Gestalt é um estudo dedicado a entender o funcionamento da interpretação de uma forma que tem influência de forças internas e externas. As forças externas são originadas pela luz do objeto, que é refletida na retina do olho humano, enquanto as forças internas são relativas ao processo fisiológico do cérebro. Conforme o estímulo das forças externas, o sistema nervoso procura ordenar e determinar as formas de modo coerente e unificado, organização que acontece de maneira natural. O cérebro, quando visualiza qualquer forma, confronta a informação com algo já visualizado antes. Nesse sentido, ao se desenvolver o design de interação, deve-se levar em consideração o objetivo que se quer provocar nos jogadores. O estudo da Gestalt ajuda a compreender como as formas desenvolvidas pelos designers transmitem informações. Na prática, fica mais fácil entender o motivo de algumas formas serem mais agradáveis do que outras.

A aplicação da Gestalt permite a compreensão do conteúdo pelo todo e facilita o foco e a organização deste, que, nesse caso, é o game.

Essa noção influencia de maneira extremamente positiva as criações, pois passa a sensação de que estão visualmente perfeitas, já que os projetos são desenvolvidos conforme os padrões de comportamento humano. Um dos princípios do comportamento visual que passa a sensação de uma criação perfeita é, no primeiro olhar, o projeto ser percebido como funcional, ou seja, não passar a sensação de que é muito difícil aprender a jogar o game. Outras áreas de design e arquitetura, marketing e publicidade e propaganda são também campos que utilizam os padrões de comportamento da sociedade contemporânea relacionados à Gestalt.

A importância da Gestalt na sociedade contemporânea pode ser compreendida se levarmos em consideração que estamos na era digital, em que computadores, smartphones, tablets e notebooks desempenham um grande papel associado à sociabilidade, na qual existem padrões de comportamento. O designer das diversas área, inclusive de games, molda seus projetos de acordo com as necessidades do usuário ou dos jogadores e com os meios em que eles serão veiculados, sendo, assim, capaz de criar emoção dentro desses padrões de comportamento.

Os meios em que são veiculados os games são consoles, smart TVs, dispositivos móveis como tablets e smartphones, e um mesmo game pode ser executado em dispositivos diferentes, proporcionando experiências distintas – mas isso deve ser planejado. Se o objetivo do game é ser o mais similar possível à experiência nos diferentes veículos que podem ser acessados, deve-se elaborar um grande trabalho de planejamento no desenvolvimento de todos os processos de interação.

Na sociedade digital, o acesso a serviços se tornou mais fácil, ocorrendo, consequentemente, grande substituição da mão de obra humana, de modo que é necessária a adaptação por parte da sociedade. Também se tornou mais fácil o acesso ao game na palma da mão, pois antigamente, para ser possível jogar, era necessário utilizar os fliperamas; agora, já é possível utilizar um console conectado à televisão, ter acesso aos games nos computadores, diretamente nas smart TVs e nos dispositivos móveis.

1.3.2 Gestalt como ferramenta para a criação de design de interação de games

Os layouts são a base para a criação de projetos de design, principalmente os projetos de design de games, os quais, diferentemente de uma obra de arte ou peça artística, precisam ser funcionais para o jogador. Essa sensação de funcionalidade ocorre com a utilização das técnicas de percepção e emoção, que abordam o jogador de modo claro e eficaz e entendem como o cérebro humano interpreta as formas, as imagens e todos os estímulos visuais de maneira natural. No momento do layout, são definidos os elementos do projeto do game, tais como formas, posicionamento de botões, cores, tipo de letra (tipografia) que será utilizada, ou seja, os elementos que vão despertar a atenção e envolver o jogador.

Figura 1.2 – **Modelo de layout**

A Gestalt pode ser utilizada como ferramenta para a criação de layouts únicos, por meio da manipulação dos elementos que compõem o projeto de design de game, auxiliando no sentido de destacá-lo dos demais jogos, com o objetivo de convencer o jogador a jogar. Na prática, citando o exemplo de design de interação de games para dispositivos móveis, a Gestalt deve ser aplicada já na concepção do ícone que está disponível na loja de aplicativos para ser baixado, transmitindo a sensação para o jogador de que é um game interessante.

Para que as aplicações da Gestalt sejam colocadas em prática, é importante que o projeto de game trate da direção de arte, pois uma das principais preocupações dessa área é com a ordenação dos elementos visuais, levando em consideração fatores estéticos, que são uma das definições de uma composição visual. Esta é executada quando o profissional de direção de arte ou design de games está planejando o layout e procurando a maneira mais adequada de passar a informação. "A direção de arte usa como subsídios os fundamentos de expressão visual, em que a qualidade da mensagem está intimamente relacionada à capacidade de usar as técnicas visuais, ou seja, a forma expressa o conteúdo" (Dondis, 2007, p. 69).

A composição visual no design está em organizar elementos como textos, fotografias, anúncios, vídeos etc. É importante para que as ideias dos diretores de arte e criação sejam concebidas com o maior nível de fidelidade pelos os profissionais que executarão as peças.

A composição visual nas peças de design digital, como o de games, é um grande desafio, pois o mesmo jogo pode ser executado em diversos dispositivos com formatos diferentes; em certos casos, o jogo pode ser executado de duas maneiras diferentes no mesmo dispositivo. Por exemplo, em um tablet ou smartphone, a visualização horizontal é diferente da vertical, assim como não é a mesma em computadores, notebooks, tablets ou na smart TV, que pode ter telas de diversos tamanhos.

Existem ferramentas que automatizam a adaptação do design em relação à imagem do dispositivo, processo chamado de *design responsivo*, o qual responde conforme as dimensões do dispositivo que está sendo visualizado. Todas essas informações devem ser consideradas na direção de arte de um game, entretanto, isso não é muito utilizado no design de games, apenas em alguns casos de games desenvolvidos em HTML5. Com o avanço da tecnologia, é cada vez mais comum o lançamento de smartphones com telas de vários tamanhos e de smart TVs com tecnologias diferentes. Conforme apontam Lupton e Phillips (2008, p. 14): "O ponto, a linha e o plano compõem os alicerces do design. Partindo destes elementos, os designers criam imagens, ícones, texturas, padrões, diagramas, animações e sistemas tipográficos".

A forma, a direção, o tom, a textura, a dimensão, a escala e o movimento são alguns dos elementos fundamentais de uma composição visual. Além desta, a direção de arte precisa atentar para os princípios do design que estão sendo aplicados no game. Um desses princípios básicos é o alinhamento, mas não somente do texto, e sim de todos os elementos da composição visual de um game, por exemplo. O alinhamento é uma das formas de organizar as informações textuais, as imagens, os vídeos, as animações e os anúncios dentro de uma interface, entre outros.

Figura 1.3 - **Exemplos de alinhamento**

fiqri saputra/Shutterstock

O planejamento dessa organização é realizado pela compreensão do observador ou do jogador, tanto nos projetos gráficos e digitais como nos games. A direção de arte deve se colocar na posição de usuário ou jogador, no caso de projetos digitais, fazendo uma simulação de como será a recepção e a interação do game que se está desenvolvendo. O diretor de arte e criação precisa considerar nos projetos em quais tipos de dispositivos o game será visualizado e quais personalizações devem ser feitas para cada tipo de dispositivo. Lembrando que o alinhamento tem como função direcionar o olhar, enquanto a direção de arte pode indicar qual percurso o jogador deve seguir para obter o resultado esperado.

A neurociência explica que tudo que não causa estranhamento em nosso cérebro nos passa a sensação de equilíbrio e familiaridade, pois, desde a infância, estamos acostumados a alinhar informações, o que nos remete ao momento de nossa alfabetização. Para os povos ocidentais, a leitura e a escrita se dão da esquerda para a direita, de cima para baixo. Nesse primeiro contato, que tem início nos primeiros anos de vida, o senso estético já é desenvolvido e nos dá uma noção do que deve estar à esquerda, centralizado, à direita ou justificado.

Nos projetos de design digital, como o de games, especificamente em relação ao texto, deve-se tomar cuidado com o alinhamento justificado, principalmente quando for necessário aplicar um texto muito longo, pois esse tipo de alinhamento geralmente torna a composição visual monótona, além de haver o risco de o usuário se perder no momento da leitura do texto, uma vez que, visualmente, não há nenhuma diferença de uma linha para outra. O uso do contraste é outro elemento importante na composição visual. Ele pode ser de cor, de formas, de tamanho etc., sendo que, em um projeto como o de game, pode ser utilizado mais do que um tipo de contraste. O contraste também tem como característica passar a sensação de uma arte bem mais dinâmica, sendo importante lembrar que o ser humano primeiro visualiza uma arte ou um game para depois ler as informações.

As imagens também têm importância em layouts de games pelo fato de retratarem de maneira fiel, aparente ou por semelhança uma figura que pode ser um objeto, pessoas ou situações. No design digital de games, a imagem não é apenas uma composição fotográfica; para além de uma composição visual, ela pode compor vídeos e animações, além de oferecer a possibilidade de ser personalizada para cada jogador. Percebemos, assim, que a imagem está presente em praticamente todos os projetos de design digital, como o de games. A imagem no layout de um game também tem a importância de ser um complemento para a informação textual, facilitando o entendimento das informações que estão contidas naquele layout. É importante que o profissional da área conheça os tipos de softwares que são utilizados para a criação, a edição e a manipulação de imagens. A seguir conheceremos três tipos de softwares gráficos.

Quadro 1.1 – **Tipos e características de softwares gráficos**

Tipo	Características
Raster	São softwares de criação e edição de pinturas digitais e ilustrações realísticas que executam manipulação, ajustes e retoque de fotografias. Por meio da seleção de pixels, são alteradas as cores e executadas as manipulações. São exemplos: Adobe Photoshop, GIMP, Corel PhotoPaint.
Vetoriais	Trata-se de softwares de criação e edição de vetores que utilizam cálculos matemáticos para criar as formas do desenho e permitem a modificação fácil e rápida, pois são constituídos de figuras geométricas básicas, como linhas e curvas, nas quais podem ser aplicados contornos, preenchimento com cores etc. São exemplos: Adobe Illustrator, Inkscape, Corel Draw.
Tridimensionais	São softwares de criação, edição e manipulação de imagens em 3D que utilizam como base os primitivos geométricos: esferas, pirâmides, cilindros, cubos, prismas, entre outros. Podem ser utilizados em diversas técnicas, como na animação de personagens bem realísticos, em efeitos especiais, em filmes comerciais, entre outros. São exemplos: Blender, 3D Max, Maya, SketchUp.

Para que a imagem digital utilizada nos games seja visualizada, é necessário o suporte de dispositivos como computadores, notebooks, tablets, smartphones, televisores, ou seja, em praticamente todos os aparelhos que contêm uma tela é possível visualizar uma imagem digital. Estas são formadas pelo modo de cor RGB, em que R = *red* (vermelho), G = *green* (verde) e B = *blue* (azul). Com base nessas cores, é possível criar todas as outras, porque as cores RGB são consideradas cores-luz, logo, para serem visualizadas, são necessários dispositivos que emitam luz, como os diversos tipos de telas.

Figura 1.4 – **Comparativo do modo de cor RGB (à esquerda) com o modo de cor CMYK (à direita)**

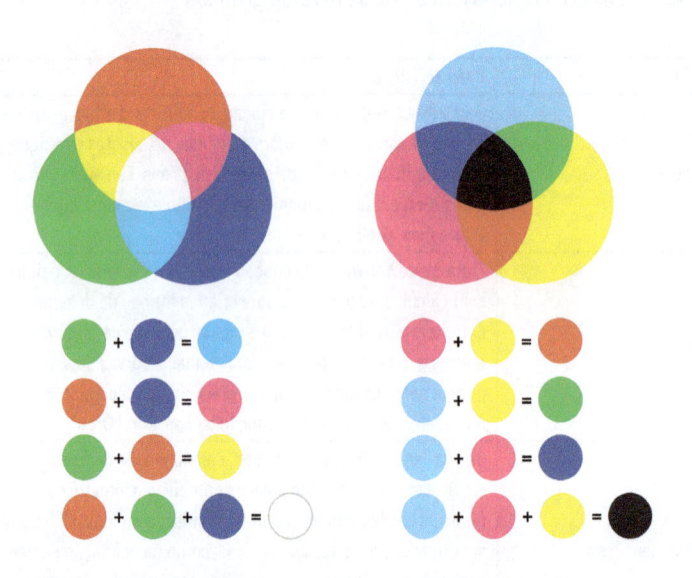

petroudny43/Shutterstock

Se observarmos a composição das cores em RGB, veremos que não há cor preta, pois o preto é a ausência de luz. Um exemplo disso é quando estamos em uma sala de estar com a luz apagada e podemos assistir televisão sem nenhum problema, pois a tela do aparelho emite luz. No entanto, com a luz apagada não conseguimos ler um livro ou uma revista, pois o papel não emite luz, apenas a reflete.

O dimensionamento correto é mais um elemento que deve ser considerado na relação da imagem no desenvolvimento de um game, de acordo com a mídia a ser utilizada e a resolução que está atrelada à qualidade da imagem. São fatores importantes para desenvolver peças de mídia impressa ou digital: a resolução correta para o uso impresso é de 300 PPI; enquanto para a mídia digital, 72 DPI já é suficiente.

1.3.3 Percepção visual e a era da informação visual

A leitura de um simples texto, como este, para as pessoas alfabetizadas parece ser, aparentemente, um processo fácil, pois basta direcionar o olhar para as letras que já é possível compreendê-las e interpretá-las. Nesses termos, parece um processo simples, mas a decodificação é um processo bem trabalhoso, no qual se utiliza grande quantidade de estruturas cerebrais para estabelecer a percepção visual e diferentes subcomponentes da visão.

A percepção visual acontece no momento que o ser humano se torna capaz de codificar a informação presente em seu entorno. Essa prática está ligada aos processos cognitivos individuais, os quais estão atrelados ao conhecimento prévio de cada indivíduo. De outra maneira, a percepção visual pode ser fundamentada como a capacidade de interpretação da informação recebida pelos olhos, sendo o resultado codificado pelo cérebro como percepção visual. Dessa forma, os games devem ser desenvolvidos para facilitar ao máximo a percepção visual.

A sociedade atualmente vive em ritmo acelerado. O cotidiano do ser humano nas grandes cidades é extremamente corrido, por isso o deslocamento vem se tornando também um momento de executar tarefas para lazer e obter informações, sendo os dispositivos móveis facilitadores desse processo; mas, pelo fato de os indivíduos terem de cumprir diversas tarefas ou pela grande quantidade de informação disponível, a obtenção de conteúdo e de informações de forma textual, em alguns casos, pode ser inviável. Trata-se, assim, de uma mudança de comportamento, pois os vídeos vêm ganhando mais espaço do que o texto. Exemplo disso é a rede social YouTube, assim como as redes sociais de fotos, como o Instagram, que vêm superando quantidade de usuário engajados do que outras redes sociais que permitem inserir grande quantidade de textos.

Pessoas de todas as faixas etárias, como jovens e crianças que já vivem na era de informação visual, consomem o conteúdo das redes sociais não somente quando estão em deslocamento, mas também no momento de lazer, seja em casa, seja em quaisquer outros lugares, sendo este um benefício a mais dos dispositivos móveis. Diante disso, as informações passaram por uma adaptação, e podemos considerar que estamos na era da informação visual, que facilita a seleção de uma notícia ou de um conteúdo que será aprofundado, envolvendo os fatores humanos nas interfaces digitais de interação.

No design de interação, a informação visual deve ser clara e eficiente, pois o ser humano primeiro enxerga o todo para depois se aprofundar na leitura, seja textual, seja de uma imagem ou de uma peça de design, que deve servir para facilitar a assimilação do que está sendo lido, visto ou até escutado. Em razão de vários estímulos visuais, o cérebro humano não tem tempo de interpretar tudo que é visualizado, razão por que substitui imediatamente uma informação por outra de forma instantânea e rápida. Por isso, é preciso ter preocupação com as informações visuais. Um exemplo de ritmo acelerado do consumo de informações é a rede social Twitter, em que a informação deve ser passada em 280 caracteres. Outras redes sociais, como Facebook, mesclam informação textual com visual, e os games podem ser considerados uma mistura, mas com foco a mais no visual, por meio de animações e interações.

1.3.4 **Visual design, entendimento e retenção da informação**

O visual design é uma das vertentes do campo de design com foco na comunicação visual, que engloba os elementos da escolha tipográfica como imagens, cor, hierarquia de informações e os materiais que serão utilizados em um projeto. Essa área envolve todas as peculiaridades que interferem no bom aspecto visual da criação de um projeto de design. No caso de projetos de design de games, são diversas peculiaridades – um exemplo são os vários tamanhos de dispositivos em que podem ser visualizadas as interfaces dos jogos.

Além dos fundamentos da Gestalt, é importante para um visual design o conhecimento da **netnografia**, que é uma vertente da etnografia destinada a estudar como as pessoas e os grupos sociais se comportam quando estão na internet, como é seu comportamento e suas dinâmicas de relacionamento, não só no ambiente on-line, mas também no offline. Como curiosidade, a etnografia tem o uso na antropologia com o objetivo de colher informações, fundamentando-se na relação subjetiva entre o antropólogo e o seu objeto. Por exemplo, em uma aldeia indígena, o estudo é desenvolvido na própria aldeia.

Na prática, a netnografia, na sociedade digital, é uma especialização da etnografia que estuda o comportamento das pessoas em grupos de notícias, fóruns, blogs, redes socais, aplicativos em geral e específicos de trocas de mensagens, em jogos on-line, entre outros. Kozinets (2014), a maior referência no assunto, classifica dez parâmetros que utilizam os padrões etnográficos tradicionais para avaliar e inspirar a qualidade netnográfica, são eles: (i) coerência, (ii) rigor, (iii) conhecimento, (iv) ancoramento, (v) inovação, (vi) ressonância, (vii) verossimilhança, (viii) reflexividade, (ix) práxis e (x) mistura. Esses parâmetros indicam que a internet mudou a realidade das pessoas em diversas instâncias, como: consumidoras, cidadãs, pensadoras, formadoras de opinião, denunciantes, blogueiras, produtoras de conteúdo, amigas, fãs, estudiosas, ou seja, mudou a realidade de ser um membro da sociedade, hoje conhecida como sociedade digital. Na internet também é possível desenvolver jogos on-line.

Compreender o que está acontecendo, ou seja, ler a realidade, é o resultado de um entendimento com base na capacidade de o indivíduo fazer o discernimento racional que enriquece sua tomada de decisão. Portanto, o público-alvo, ou seja, os jogadores, precisam entender a respeito do serviço, do produto ou do game para poder comprar. A capacidade de decidir entre aquilo que, em seu entendimento, está correto ou não é o que leva o jogador a optar por um jogo ou outro, decisão que tem como base a prudência, ou seja, executar uma ação de forma prudente. Já a retenção da informação se relaciona à capacidade de memorização do ser humano, que pode ser de curto ou longo prazo e, até mesmo, considerada permanente. Nesse caso, por meio de estímulos, a informação é recuperada e codificada pelo cérebro, ou seja, é entendida.

No marketing, a utilização de diversos recursos que os projetos do design digital proporcionam – por exemplo, os games –, em certos casos facilita o entendimento sobre um produto ou serviço, gerando maiores chances de compra, por impulso ou não. A retenção da informação é importante para que, após o entendimento do usuário, caso ele não execute a compra de imediato, lembre-se, em momento oportuno – que pode ocorrer por estímulos emocionais –, do produto ou serviço sobre o qual ele já teve entendimento. É importante salientar que a informação não é somente textual, mas também visual, e o estímulo visual tem maior apelo ao estímulo emocional de um potencial cliente.

1.3.5 Estímulo, atenção e neurociência para adequação de layouts

Existem inúmeras técnicas no marketing que são aplicadas no sentido de estimular novos clientes para a compra ou para a fidelização, a fim de que comprem várias vezes o mesmo produto ou serviço, ou, ainda, apresentam-se outros serviços e produtos que talvez o cliente não tenha conhecimento e que a empresa oferece. Essas técnicas também podem ser aplicadas ao design de games, forma de estímulo que é conhecida como *marketing de retenção*. Existem diversas ferramentas que podem ser aplicadas nas peças de design digital como o de games.

Para estimular e manter a atenção de um cliente, público-alvo ou jogador, é necessário conhecê-lo, mantê-lo sempre conectado e trocando informações. Para fidelização, é importante agradecer ao cliente, mostrando gratidão pelo retorno da compra e oferecendo alguma vantagem, ou seja, um estímulo. Para isso, é preciso sempre se preocupar com qualidade do design de game, aplicando os conhecimentos de estímulos e retenção, como ocorre na Gestalt.

Tecnicamente, a neurociência equivale ao estudo relacionado ao sistema nervoso e às suas funcionalidades, bem como às estruturas, aos procedimentos de desenvolvimento e às possíveis alterações que podem acontecer durante a vida. Por ser um estudo complexo, para facilitar a compreensão de estudiosos e profissionais, a neurociência é separada em cinco campos que especificam a complexidade do sistema nervoso, apresentados no Quadro 1.2.

Quadro 1.2 – **Campos de estudos da neurociência**

Campo	Descrição
1. Neuropsicologia	Destinado ao estudo da interação entre as ações dos nervos e as funções ligadas à área psíquica.
2. Neurociência cognitiva	Trata do estudo da capacidade do conhecimento de cada pessoa, como memória, aprendizado e raciocínio.
3. Neurociência comportamental	Procura identificar a ligação entre o organismo e seus fatores internos (emoções e pensamentos); está relacionado ao comportamento visível, como a maneira de se portar, de falar e os gestos usados pelo indivíduo.
4. Neuroanatomia	Procura entender a estrutura do sistema nervoso separando o cérebro, a coluna vertebral e os nervos periféricos externos com objetivo de estudar cada parte individualmente.
5. Neurofisiologia	Analisa as funções ligadas às várias áreas do sistema nervoso.

Os campos de atuação que são empregados no marketing e no design digital, o qual inclui os games, são a neurociência cognitiva e a neurociência comportamental, que se subdividem em áreas bem específicas, como o neuromarketing, que procura compreender de maneira mais profunda o comportamento do consumidor. Por exemplo, ao navegar por uma loja de aplicativos, verificar as razões que motivam um jogador a escolher baixar determinado game e não outro. Também auxiliam na execução da abordagem do público-alvo, ou seja, quais são os jogadores, qual a linguagem, verbal ou não verbal, mais apropriada, como deve ser a comunicação de forma geral, a imagem etc. Sendo assim, a neurociência utiliza a netnografia como base de estudos, a qual também tem relação com os fatores humanos em interfaces digitais de interação.

LookerStudio/Shutterstock

CAPÍTULO 2

FORMAS E MEIOS DE INTERAÇÃO

As evoluções, as inovações e as várias vertentes do design – desde o gráfico até o digital, posteriormente o de interface e chegando ao de interação – abrem um leque com diversas formas e meios de interação e, de certa forma, contribuem para que os projetos de design de games alcancem os níveis de interatividade avançados.

As formas e os meios de interação vão desde a linguagem de comando até o reconhecimento facial, sendo que, na interação com linhas de comando, é necessário que o usuário memorize e se lembre dos comandos. Existe a tendência de que a interação com a interface se torne mais rápida no momento em que o usuário aprende os comandos e os utiliza com frequência, de maneira que tenha familiaridade com o sistema – há softwares, como o AutoCAD, que inicialmente eram utilizados apenas com comando. As versões atuais desse software podem ser consideradas híbridas, pelo fato de permitirem interagir por meio da linha de comando e também com menus, sendo que os profissionais que conhecem os comandos utilizam o sistema com mais rapidez.

O ideal é que as formas e os meios de interação tenham linguagem natural, tornando mais fácil o uso da interface para usuários inexperientes, por exemplo, utilizando a interação e valendo-se de menus e barras de menus. Além das barras de navegação e menus contextuais, chamados também de *pop-up*, que abrem uma janela acima do programa que está sendo utilizando, o uso de conjuntos de botões de seleção, os *checkboxes*, é outro meio de interação. As opções de botões de escolhas, que podem ser chamados de *radio bottons*, entre outras, também são meios de interação por menu, voltados mais para os softwares e alguns tipos de aplicativos, não para games.

A interação por meio de formulário é uma das primeiras interações utilizadas, principalmente para projetos *web*, como de websites, sendo outro meio a manipulação direta, cujo objetivo é aproximar a interação da manipulação dos objetos no mundo real. Esse tipo de interação estimula a exploração com o mouse: clique, duplo clique, clicar e arrastar, mas é preciso ter cuidado com este estilo, pois pode ser mais difícil para usuários com limitações visuais ou motoras. Além desses estilos, há outros, principalmente nas interfaces de softwares, que são denominados *WIMP* – Windows, Icons, Menus, and Pointers (em português, janelas, ícones e ponteiro do mouse).

Todos esses estilos de interação são importantes para se alcançar o modelo de interação no design de games, pois, com a evolução dos dispositivos em que podem ser executados os games, as interações podem ser obtidas por sensores de movimentos, entre outros.

É evidente que o design de interações tem referência em outras vertentes do design e até de materiais impressos sem nenhuma interatividade – razão por que é importante salientar que nem todos os projetos de design gráficos são interativos. Existe uma gama de embalagens que são interativas, livros infantis com especificidades de interação, logicamente não com o nível de interação dos projetos digitais. Em relação a essa abordagem, Braga (2004) aponta que o design de interação também tem referência em outros tipos de arte, que envolvem a construção do tempo – por exemplo, o cinema, pois a construção de uma lógica em ambientes hipermidiáticos passa pela questão da montagem. Conforme Braga (2004), o cinema pode ser considerado com um dos pioneiros no campo da arte a deparar-se com essa questão.

O design de interação nos games, por exemplo, está relacionado à tecnologia que cria desafios que devem ser resolvidos, nos quais a interatividade deve fazer sentido atrelada a alguns fundamentos da interface e à imersão. Por isso a importância de entendermos os principais fatores do ser humano nas interfaces digitais de interação, sendo o game design uma das principais áreas que envolve estudos relacionados às pessoas no que se refere ao seu entendimento da tecnologia e ao modo como esta as influencia.

2.1 Interatividade e imersão

O design de interação e as formas e os meios de interação se originaram dos estudos da interação mediada por computador (IMC), sendo esta muito utilizada após a popularização dos mecanismos da comunicação digital. Primo (2007) afirma que o autor está na oposição entre a interação reativa, em que o agenciamento do usuário, ou seja, o jogador, não passa de uma resposta automatizada, e a interação mútua. Existe uma conceituação mais complexa denominada *segunda interatividade*, que trata da vida e da inteligência artificial, ou seja, é uma interatividade que atingiu uma etapa superior em complexidade e autonomia que segue a evolução da cibernética (Couchot; Tramus; Bret, 2003).

Autores relacionados ao mercado de marketing e profissionais da área costumam definir *interatividade* como a maneira com que as novas tecnologias são planejadas para responder às solicitações do consumidor. Essa definição fica clara quando se observa a quantidade de aplicativos ou plataformas relacionados às compras e aos comparadores de preços, os quais fazem bastante sucesso do mercado digital. Então, aplicando essa definição ao design de interação de games e levando em consideração as formas e os meios de interação, interatividade é a maneira como o jogo foi planejado para dar respostas conforme as ações dos jogadores.

Nos aparelhos de TV que não possuem a tecnologia smart TV, o grau de interatividade é totalmente diferente quando comparado aos primeiros videogames, pois nestes o jogador podia interferir no universo do jogo representado. Assim, é importante comparar o modo como acontecia a interação nesses dois dispositivos, sendo que as primeiras televisões utilizavam controles remotos, que apresentam diferenças se comparados aos joysticks utilizados nos videogames.

Continuando nossa análise desses exemplos, os controles remotos evoluíram muito, assim como a forma de interação com a televisão, que pode ocorrer por meio de aplicativos específicos instalados nos dispositivos móveis, como tablet e smartphones. Algumas televisões permitem o espelhamento desses dispositivos, potencializando ainda mais o nível de interação com o aparelho, bem como as inúmeras possibilidades que as smart TVs e as TVs interativas proporcionam.

Analisando a evolução dos joysticks, que atualmente têm diferentes formatos e outras maneiras de interação, é possível encontrar, por exemplo, sensores de movimentos e algumas interações experimentais com comando de voz. A imersão é outro fator importante relacionado às formas e aos meios de interação:

> imersão insiste no fato de estarmos dentro de uma substância material; presença, no fato de estarmos em frente a uma entidade bem delimitada. Imersão, portanto, descreve o mundo como um espaço vivo, um ambiente que dá suporte ao sujeito corporificado, ao passo que a presença confronta o sujeito da percepção com

objetos individuais. Mas não poderíamos nos sentirmos imersos em um mundo sem a sensação de presença dos objetos que o ocupam, e estes mesmos objetos não poderiam estar presentes para nós, se não fizessem parte do mesmo espaço que os nossos corpos. Isto significa que os fatores que determinam o grau de interatividade de um sistema também contribuem para sua performance como um sistema imersivo. (Ryan, 2001, citado por Gomes, 2008, p. 413)

Nos projetos de game design e em outros ambientes digitais, para que realmente funcionem, é importante que três fatores, de acordo Murray (1999), estejam interligados: (i) imersão, (ii) agenciamento, e (iii) transformação.

Para acontecer a interatividade e a imersão, é fundamental que exista a interface no design de games, a qual é composta de gráficos, animações em duas ou três dimensões, trilha sonora, entre outros elementos que dialogam com os jogadores.

A sensação de imersão potencializando os níveis de interatividade é provocada pela boa qualidade da interface, a qual pode ser mais completa se puder criar ambientação que provoque a ilusão de envolvimento perceptivo tridimensional, identificação psíquica e empatia emocional no jogador. O uso dos óculos de realidade virtual, por exemplo, no design de games é uma tecnologia que facilita muito a qualidade da imersão de um projeto, logicamente, com a alta qualidade de interface para otimizar a interatividade. Além dos graus de interatividade foram levantados níveis de imersão, como apontado por Santaella (2004):

- realidade virtual;
- telepresença;
- navegação pelos ambientes digitais.

Estudiosos e profissionais da área apresentam como o limite máximo da imersão a denominada *perceptiva da realidade virtual*, que é a imersão da telepresença – citando o exemplo de um game, refere-se ao jogador estar presente em um ambiente remoto por meio da conexão robótica fisicamente presente em alguma locação à distância. Biocca (1997) aponta que o usuário vê, toca e move-se pela locação fisicamente distante graças aos elos com os sensores dos robôs (câmaras, microfones, sensores de toque etc.) e atuadores (braços de robôs). Já a imersão denominada *representativa* ocorre em um ambiente virtual construído pela Virtual Reality Modeling Language (VRML), que é um padrão de formato de arquivos para realidade virtual, no qual é possível criar objetos tridimensionais.

> Além dos elementos tridimensionais, na VRML é permitido ter graus de interatividade por meio de sensores que podem ser deslocados de posição, com efeitos de iluminação de trilha sonora, entre outros recursos de interação.

Já o grau de imersão denominado *realidade virtual* proporciona a sensação para o jogador de que é possível agir no cenário virtual, diferentemente da imersão representativa, em que o jogador é representado no ambiente virtual do jogo. No design de games, é importante que sejam levadas em consideração características bem peculiares em relação ao jogador e ao game, que são facilitadas por meio da comunicação existente entre a interface e o jogador, que precisa ser transparente e clara. O profissional designer de games é responsável por garantir a fruição do jogo e boas experiências para o jogador, a fim de que as ações efetuadas sejam realizadas de modo que atenda à usabilidade com eficiência e *performance*.

O design de interação está relacionado à criação de recursos, para que o jogador, ou seja, o interator, seja compreendido como um usuário interativo do sistema digital, no caso o game, para que se facilite a comunicação entre este e o interator. Nos outros projetos de design digital, o interator recebe diferentes nomenclaturas, ou seja, se o usuário está utilizando um aplicativo ou ferramentas de lojas virtuais, o interator recebe o nome de *comprador*, e assim por diante. É comum encontrar a expressão *usuário*, pois grande parte dos sistemas, como de comércio eletrônico e *e-learning*, utiliza esse termo pelo diferente grau de interatividade que eles têm em relação ao um game.

Para compreender as formas e os meios de interação, é importante entender que o jogador é uma pessoa que consome um produto de entretenimento, não apenas um usuário que utiliza uma ferramenta, como um aplicativo, que tem o objetivo de auxiliar em alguma tarefa do seu cotidiano. Existem aplicativos que estão relacionados ao entretenimento e que possibilitam interação entre as pessoas que fazem parte dessa rede, mas não apresentam o grau de interatividade de um game. Por esse motivo, nesse caso não é recomendado chamar os jogadores de *usuários*. O jogador é um realizador, ou seja, um *player* que tem alto grau de interatividade. Para Fullerton, Swain e Hoffman (2004, p. 16, tradução nossa): "As especificidades do player (jogador), no sentido de jogar são percebidas com mais clareza na análise do processo de interação que é descrito por uma sequência definida por ação e reação, de forma que essa reação é, na verdade, um resultado que o sistema apresenta ao interator/jogador".

Um game apresenta inúmeras diferenças em relação aos aplicativos, como possibilitar resultados variados e quantificáveis. Na interação em um aplicativo de uma loja virtual, por exemplo, o resultado sempre esperado é o da compra do produto ou serviço. No game, a quantificação do resultado de uma ação específica tem o objetivo de conceder o atributo para o jogador cuja ação foi bem--sucedida, e se não for alcançado o resultado, ele sofrerá penalidades, como não passar para a próxima fase do jogo. Embora o desafio seja importante, o profissional de game designer deve proporcionar subsídios de formas e meios de interação em um jogo, no qual seja atendida a dinâmica de levar o interator, ou seja, o jogador, a atingir os resultados esperados, como finalizar uma fase, marcar um gol, marcar um ponto, entre outros.

Existem autores que abordam mais detalhadamente o conceito de interação, tais como Cooper, Reimann e Cronin (2007), os quais apontam que, no design de detalhes interativos, implica compreender que se trata de um design direcionado para metas, ou seja, para o reconhecimento de metas do jogador. É importante proporcionar uma experiência que seja apresentada para o jogador de maneira criativa, como uma espécie de convite para vivenciá-la; além disso, para o jogo ser atrativo e provocar interações inesperadas, é necessário ter elementos surpresa. Além de fatores de divertimento e da curiosidade, são importantes para a interação estimular, por exemplo, o jogador a ir a determinado ponto ou a fazer uma jogada diferente em uma partida de futebol para estimular um resultado diferente.

O design interativo nos games não é apenas fundamentado para proporcionar que o jogador realize as ações de maneira bem-sucedida, mas para que esses resultados sejam obtidos com entretenimento e diversão, diferentemente de outros tipos de aplicativos. É importante também o conhecimento, como aponta Morace (2009), chamado *design thinking*, que apela para o interator na sua capacidade de escolher, interpretar e combinar livremente serviços, produtos e estéticas.

2.2 Design thinking

As formas e os meios de interação podem ser facilitados se o profissional de design de games tiver conhecimento no *design thinking*, tanto no desenvolvimento de interfaces quanto na construção de elementos do design visual, como tipografia, grafismo e cores. Esses elementos devem ser constituídos de forma harmônica na interface, pois são importantes para o impacto da experiência de um produto ou um aplicativo sobre os jogadores. Nesse sentido, o *design thinking* une os desejos dos usuários – no caso, mais especificamente, os jogadores – às técnicas economicamente viáveis.

Essa área aborda o conjunto de métodos e processos para abordar problemas relacionados às futuras aquisições de informações, à análise de conhecimento e às propostas de soluções, o qual também pode ser aplicado ao desenvolvimento de um novo game ou à reformulação ou atualização de um game já existente. A terminologia *design thinking* vêm sendo muito utilizada quando o assunto é startup. Nesse caso, o estudo do *design thinking* propõe alguns fundamentos que auxiliam na compreensão de sua aplicação nos projetos:

- redefinição do problema;
- reconhecimento das diferenças;
- compreensão de valores humanos;
- aplicação de valores humanos;
- otimização.

Para redefinir um problema, pensemos no game de forma abrangente. Após essa visualização ampla, será possível identificar o real problema e abraçar as diferenças em relação a pessoas de áreas diferentes com o propósito de chegar a soluções de jogo, visto que os profissionais de games apresentarão perspectivas particulares sobre os assuntos.

A compreensão dos valores humanos se relaciona à pesquisa, ao modo de se abordar os jogadores que terão acesso às comunicações. Talvez, por meio de uma entrevista, seja possível depreender o que os jogadores pensam, sentem, falam e fazem ao recorrer a uma comunicação on-line.

Aplicar os valores humanos é um princípio que trata da compreensão de quais são os valores defendidos pelos jogadores e transformá-los em algo palpável, materializando-os na comunicação. Isso poderá transformar as conexões entre a empresa e seu público, promovendo um engajamento emocional. Já o fundamento de otimizar visa ao estabelecimento, na comunicação a curto prazo, da maneira mais rápida possível, de ideias do design de games com o objetivo de chegar a um resultado ótimo.

Esses são fundamentos importantes do estudo do *design thinking*, podendo ser utilizados para estabelecer padrões e tendências digitais e empregados nos diversos projetos de design de games, mais especificamente, estabelecendo formas e meios de interação. Abordar o assunto de *design thinking* é falar de Tim Brown, designer inglês fundador da Ideo, empresa de consultoria de inovação e de criatividade com escritórios na Alemanha, na China, na Inglaterra, no Japão e nos Estados Unidos. Brown é um dos principais idealizadores do *design thinking*, conforme ele mesmo explica: "O *design thinking* representa o próximo passo, que é colocar essas ferramentas nas mãos de pessoas que talvez nunca tenham pensado em si mesmas como designers e aplicá-las a uma variedade muito mais ampla de problemas" (Brown, 2010, p. 3).

No desenvolvimento de design de games, o *briefing* estabelece o que se precisa para que o projeto seja bem-sucedido. Em seguida, vem a etapa de pesquisa, que investiga os elementos necessários e realiza entrevistas com os possíveis jogadores, buscando identificar eventuais problemas futuros de formas e meios de interação. A etapa seguinte produz novas ideias dentro do time, talvez até por meio de *brainstorming*. Com base nisso, os testes de protótipos estarão disponíveis para serem analisados por um grupo de jogadores e de *stakeholders* (acionistas), a fim de se atingir o aplicativo final e a aprovação dos usuários.

Para que o *design thinking* seja eficaz, é preciso, primeiramente, identificar o problema e os usuários, reunindo todos as informações possíveis. Essa é a etapa de *briefing*, que é o momento de coletar informações e dados para que seja possível o desenvolvimento do aplicativo. Segundo Ambrose e Harris (2011, p. 12): "A seleção trata das soluções propostas analisadas em relação ao objetivo de design do briefing. Algumas soluções podem ser viáveis, mas não as melhores. A implementação trata do desenvolvimento do design e de sua entrega final ao cliente".

Somente por meio da aprovação dos usuários é possível ter certeza de que o objetivo inicial do *briefing* foi atingido. É importante lembrar que, às vezes, os usuários não sabem o que querem, até que lhes seja apresentado o game. Portanto, o *design thinking* revoluciona a maneira de pensar por meio de um processo que abrange diferentes etapas (empatia, definição, idealização, protótipo e teste), evitando que ocorram falhas no desenvolvimento do produto, do serviço ou do game.

Existem ferramentas que auxiliam na inspiração para o *design thinking* as quais estão atreladas a técnicas de criatividade. O cérebro sempre foi um assunto de interesse de cientistas e pesquisadores e, até pouco tempo atrás, sabíamos pouco sobre as funcionalidades desse órgão. Nesse sentido, apesar de ser vastamente descrito na literatura, o cérebro só foi estudado e entendido com mais profundidade na história moderna. Segundo Souza (2020):

> O cérebro é o órgão mais complexo do organismo, situando-se na fronteira da Biologia e da Psicologia. Ao mesmo tempo que é o centro controlador de todos os outros órgãos do corpo, possui funções mentais superiores que definem as características básicas do homem. Por isto surgem muitas dificuldades na definição de suas estruturas e respectivas junções. Devido à natureza da maioria das descobertas das últimas décadas, o conhecimento atual da função cerebral está sob grande influência estruturalista.

Existem algumas técnicas e metodologias desenvolvidas por especialistas para aguçar e melhorar a criatividade, bem como para implementar uma gestão de inovação, as quais, facilmente, podem ser utilizadas no desenvolvimento do design de interação, das formas e dos meios de interação.

> Os Métodos, Técnicas e Ferramentas para Inovação são os meios fundamentais para aumentar a competitividade e podem ser definidos como o conjunto de métodos, técnicas e ferramentas que suportam o processo de inovação nas empresas, ajudando-as de forma sistemática para atender novos desafios do mercado. (Buchele et al., 2015, p. 8)

Em geral, as ferramentas de geração de ideias são destinadas a grupos de pessoas que trabalham juntas ou a indivíduos de vários lugares que participam de um grupo heterogêneo – portanto, as ferramentas de criatividade são utilizadas em grupos. Uma das principais técnicas é o *brainstorming* (em português, "tempestade de ideias"), que foi inicialmente proposto pelo publicitário estadunidense Alex Faickney Osborn em 1939, mas foi divulgado apenas em 1953. Osborn (citado por Buchele et al., 2015, p. 9) argumentava que "este MTF-I (método, técnica e ferramenta) aumenta a qualidade e a quantidade das ideias geradas pelos membros do grupo".

A geração de ideias é apenas uma fase desse processo entre a criatividade e a inovação. São inúmeras as empresas que consideram essa ferramenta a mais eficaz para tal propósito. Segundo Mazzotti, Broega e Gomes (2012, p. 2972):

> a técnica de *brainstorming* é utilizada com a finalidade de gerar o maior número de ideias possíveis acerca de um determinado tema ou questão. O exercício tradicional propõe que um grupo de pessoas, preferencialmente de áreas e competências diferentes, se reúnam a fim de colaborar para uma "tempestade de ideias", onde as diferenças e experiências de cada uma somadas e associadas às dos outros, formem um longo processo de sugestões e discussões.

Para o design de games, o conhecimento das técnicas de criatividade que relacionem as formas aos meios de interação pode possibilitar aos games que se diferenciem nas formas de interação, sendo importante no processo criativo ter grande quantidade de ideais para propor a inovação. Segundo Osborn (1987), tendo em vista a quantidade, por meio da sabedoria da ideação abundante, é necessário considerar mesmo aquelas mais malucas, sem nenhum pré-julgamento, pois o pensamento lateral faz parte da técnica de *brainstorming*.

2.3 Princípios do design aplicados à interação

Um dos princípios mais importantes aplicados em quaisquer projetos de design é o da **composição gráfica**, que se refere à organização visual dos elementos que compõem uma interface de um game, de uma peça de publicidade, entre outros. Esses elementos são os textos, as ilustrações, os espaços, as cores, os gráficos – incluindo ícones, logotipos e similares –, as fotografias e as imagens. A interface do game, normalmente, é composta de vários tipos de elementos gráficos, tais como as linhas, que podem ser retas, quebradas, curvas, livres e pontilhadas. Os polígonos, as elipses, as formas ovais, os círculos com e sem contornos específicos de uma composição gráfica são denominados *elementos geométricos*. Já a tipografia – o tipo de letras, a família de fontes, na qual existem diversas estruturas e formas – é utilizada para apresentar as informações textuais de maneira criativa.

Figura 2.1 - **Exemplo de composição gráfica de uma peça publicitária**

Libellule/Shutterstock

Todos os profissionais envolvidos no desenvolvimento de design games, não apenas os que trabalham na área de criação, precisam conhecer os princípios e a teoria da composição gráfica, principalmente no momento da concepção da interface, para que sejam capazes de elaborar composições eficientes e fundamentadas. Para os profissionais que não trabalham diretamente no departamento de criação de games, também é importante conhecer a composição gráfica para saberem analisar corretamente os elementos do design, como tipografia, legibilidade, cor, coerência, unidade visual, organização, hierarquia, antes de encaminhar o produto para a aprovação do cliente.

Na prática, a composição gráfica ultrapassa as regras que garantem a criação de uma interface de game equilibrada e facilitadora de interação. Essa composição combina e organiza os elementos, gerando grafismo e outras concepções, o que torna o resultado da criação um game autoral, e não uma cópia ou bem similar a outros games disponíveis no mercado. Certamente, desse modo, o projeto parecerá atrativo e se diferenciará dos concorrentes.

Além da organização de elementos, também existem algumas técnicas que auxiliam a composição visual. Uma delas é a **geometrização**, que dá destaque aos pontos de visão periférica e aos pontos de visão direta. Essa técnica organiza os elementos textuais e visuais inserindo-os no local ideal da interface do game, como acontece com as imagens. Quando a técnica é empregada, as informações contidas nas imagens e sua relação com o traçado geométrico são avaliadas.

Na **composição gráfica geométrica**, os profissionais de game design devem ser zelosos ao inserir fotografias ou imagens, não pensando apenas no formato que estas terão, como quadrado, retangular, oval etc. A **composição visual da fotografia ou de imagens** é igualmente importante, pois a visão humana navega pela interface de game de acordo com a força visual de cada elemento da composição gráfica. Um jogador, ao olhar para uma interface do game, de forma natural e inconsciente, faz um mapeamento das informações, as quais são transmitidas para o cérebro, que, por sua vez, pode codificá-las de maneira rápida e fácil ou demorada e difícil.

Outras técnicas de composição gráfica são conhecidas como *princípios de design*, que facilmente podem ser aplicadas em formas e meios de interação. Um exemplo é a técnica de **agrupamento**, que diz respeito à organização dos elementos que têm relação entre si de acordo com a hierarquia de informações. No agrupamento, existem alguns critérios a serem seguidos, tais como semelhança, continuidade, proximidade e simetria.

Tanto a composição gráfica quanto os princípios de design devem ser estudados com aprofundamento pelos profissionais de games, principalmente por aqueles que trabalham no departamento de interação. Segundo Lupton e Phillips (2008), a composição visual acontece por meio da organização dos elementos básicos, como ponto, linha e plano, já que imagens, ícones, texturas, padrões, diagramas, animações e sistemas tipográficos têm origem em tais elementos básicos. Forma, direção, tom, dimensão, escala e movimento são outros elementos fundamentais de uma composição visual, que podem ser aplicados como meios e formas de interação.

Mais um princípio básico do design é o **alinhamento** – não somente de texto, mas de todos os elementos da composição visual de um projeto. Esse princípio consiste na forma de organizar informações textuais, imagens, vídeos, animações e anúncios dentro da interface do game. Essa organização, em geral, ocorre por meio da compreensão do observador – nos casos dos projetos de design de games, mediante a compreensão do jogador. Para isso, o profissional de games deve se colocar na posição de jogador, simulando a recepção e a interação com a interface desenvolvida. É preciso considerar, ainda, em quais dispositivos o game será executado e que personalizações deverão ser feitas para cada tipo. Lembremos, portanto, que o alinhamento tem a função de direcionar o olhar; sendo assim, o designer de games pode indicar que percurso o jogador deve seguir para obter o resultado esperado.

A neurociência explica que tudo o que não causa estranhamento em nosso cérebro nos passa a sensação de equilíbrio e familiaridade, pois, desde a infância, estamos acostumados a alinhar informações, o que nos remete ao momento de nossa alfabetização. Para os povos ocidentais, a leitura e a escrita se dão da esquerda para a direita, de cima para baixo. Nesse primeiro contato, iniciado nos primeiros anos de vida de um ser humano, já se desenvolve o senso estético e a noção do que deve estar à esquerda, centralizado, à direita e justificado.

Nos projetos de design de games, especificamente em relação ao texto, deve-se tomar cuidado com o alinhamento justificado, sobretudo quando o texto for muito longo. Geralmente, essa composição se torna monótona e pode fazer o jogador se perder durante a leitura, pois, visualmente, não há nenhuma diferença de uma linha para outra. É importante lembrar que o ser humano visualiza e apenas depois lê. Esse fato, porém, não justifica que todos os projetos de design de games devam seguir a mesma regra; ao contrário, as regras devem ser adaptadas a cada projeto.

Outra técnica de composição que pode ser aplicada ao design de games nos meios de interação é a **proximidade**, um princípio da Gestalt que recebe o nome de *lei do agrupamento*. A força da atração nas relações visuais tem papel importante em uma composição. Imagine, por exemplo, que você inicia um game e vê apenas um ponto isolado dentro de um quadrado, mas não encontra informações. Esse ponto se relacionará com o todo, que, no caso, será o quadrado (Figura 2.2, à esquerda). Analisando o quadrado do centro da

Figura 2.2, fica evidente que os dois pontos estabelecem uma relação de disputa pela atenção visual pela forma como interagem.

A disposição dos pontos no quadrado central direciona o olhar ora para um ponto, ora para o outro. Pelo fato de estarem distantes, os pontos são comparados, de forma diferente, ao quadrado ao seu redor, e transmitem a sensação de que se repelem. No quadrado à direita, percebemos que a interação entre os pontos é regida por equilíbrio e harmonia. Portanto, quanto maior for a proximidade entre os pontos, maior será a atração, visto que, visualmente, nosso cérebro agrupa esses elementos, tornando-os um conjunto.

Figura 2.2 – **Exemplos de proximidade**

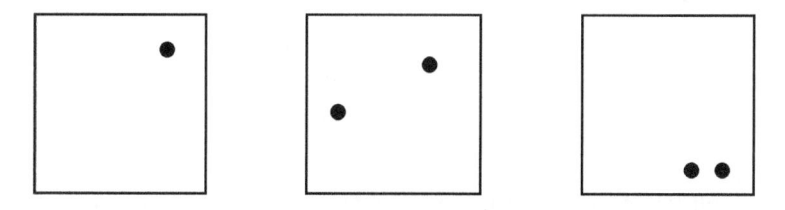

É preciso lembrar que o ser humano enxerga o todo em primeiro lugar, assim, os elementos próximos formam uma imagem e representam um desenho. A imagem será codificada pelo nosso cérebro em um segundo momento, quando começaremos a analisar os demais elementos da composição. Então, no processo de aproximar os elementos, devemos ficar atentos ao desenho que forma a composição. No exemplo da Figura 2.2, o quadrado à direita nos dá a impressão de que há dois olhos no canto inferior direito da tela.

O cérebro humano sempre tenta estabelecer alguma relação com o que está em sua memória. Dessa forma, no momento da composição de interfaces de games, é preciso considerar o público-alvo, ou jogadores identificados pelo departamento de marketing e pela construção da persona, para ter a certeza de que a composição da interface não provocará estranhamento nos jogadores. É essencial que as interfaces avaliem a maneira como os jogadores leem, não só por causa de sua localização geográfica, mas também pelo fato de que estes podem ser destros ou canhotos. No caso do sistema operacional Android para smartphones, há um modo dedicado às pessoas canhotas. Essa informação nas formas e nos meios de interação é muito importante, pois um jogador destro interage com o game de forma diferente de um jogador canhoto.

Para alcançar novos meios e formas de interação, utiliza-se a técnica de **construção de personas**, que são as informações de jogadores reais que retratam o jogador ideal de um game. Com base nesse jogador, constrói-se uma simulação de perfil de jogador. Para entender melhor a construção de personas, pode se considerar a empatia, competência de projetar uma personalidade de uma pessoa, colocando-se, de certa forma, em sua posição. Nesse caso, a empresa se colocará no lugar do jogador, portanto, o uso de personas pode ser considerado uma estratégia realmente eficaz no desenvolvimento de design de interação de games.

A primeira construção de persona surgiu por meio de resultados práticos de aplicação de vários projetos desenvolvidos pela empresa Cooper, a qual identificou diversos padrões por meio de pesquisas e de análises de potenciais compradores de determinado produto. O trabalho apontou que, construindo-se um grupo de personas, são obtidos os comportamentos, as aptidões, os modelos mentais, a diversidade de motivações, os fluxos de trabalho, os ambientes e até as frustrações que os consumidores representados pela persona possam ter em relação a um produto – no caso específico, os jogadores com o game.

Cooper, Reimann e Cronin (2007) sistematizaram o processo de criação de personas e desenvolveram um conjunto de procedimentos constituído por diferentes etapas, conforme descrito no quadro a seguir.

Quadro 2.1 – **Processo de criação de personas**

Etapa	Característica
Identificar variáveis de comportamento	Gerar as hipóteses das personas; realizar pesquisas; executar organização parcial dos dados; listar os aspectos distintos de comportamento como um conjunto de variáveis.
Atividades	O que o jogador faz? Qual é a frequência? Qual é o volume?
Atitudes	Qual é o pensamento do jogador sobre o domínio do game e da tecnologia?
Aptidões	Qual é o nível educacional do jogador? Qual é o seu treinamento? Qual é a sua capacidade de aprendizado?
Motivações	Por que o jogador está comprometido com o domínio do game?
Habilidades	Quais são as capacidades do jogador relacionadas ao domínio do game e de tecnologias?
Mapear os assuntos da entrevista em variáveis de comportamento	Mapear cada entrevistado quanto a cada variável; distribuir os jogadores que participaram da coleta de dados nas variáveis de comportamento; agrupar os jogadores que têm comportamentos próximos.
Identificar padrões de comportamento significantes	Analisar os agrupamentos produzidos na fase anterior, identificando padrões de comportamento que se destacam. Uma provável persona é identificada com o agrupamento de seis a oito variáveis diferentes. Quando existem papéis dividindo as variáveis, o número de padrões significantes é menor.

(continua)

(Quadro 2.1 – conclusão)

Etapa	Característica
Sintetizar características e metas relevantes	Sintetizar detalhes dos dados de cada padrão de comportamento significante identificado; descrever o ambiente de uso potencial, o dia de trabalho típico (ou outro contexto relevante), as soluções, as frustrações e os relacionamentos. Nesse momento, definem-se nome, sobrenome e ilustração para a persona.
Verificar redundância e integralidade	Construir a narrativa em terceira pessoa, pois é mais poderosa para carregar as atitudes, as necessidades e os problemas das personas para os membros da equipe. Isso também intensifica a conexão entre projetista e autor e as personas e suas motivações.
Definir os tipos de persona	Primária – representa o objetivo primário. Secundária – é satisfeita com o produto ou serviço de persona primária, mas tem necessidades adicionais específicas que podem ser acomodadas sem transtornar a habilidade do produto servido à persona primária. Servida – não é jogador do game, mas é diretamente afetada por seu uso. Negativa – é usada para comunicar aos *stakeholders* e aos membros da equipe do game que existem tipos específicos de jogadores para os quais o produto não foi construído.

Fonte: Elaborado com base em Cooper; Reimann; Cronin, 2007.

Alguns estudiosos, como Quesenbery (2004), declaram que a construção de personas pode ocorrer com base em informações retiradas das próprias equipes de desenvolvimento, como a de marketing e a de design de games, sendo um resultado do olhar da própria empresa sobre os consumidores, ou seja, os jogadores, em vez de provir dos consumidores. Além da verificação textual, há entrevistas e outros métodos qualitativos para a construção de informações; a criação de personas, nessa perspectiva, contará com aspectos reais e fictícios. Outros estudiosos, como Pruitt e Adlin (2006), afirmam, categoricamente, que as principais informações para caracterizar a construção de personas precisam ser de uma fonte de informações real.

O termo *persona* inicialmente teve sua definição relacionada a estereótipos – ou seja, à consequência de um ponto de vista preconcebido e difundido com base nos elementos de uma sociedade. Atualmente, porém, utiliza-se o termo *arquétipo*, que engloba as características de um modelo ou padrão exemplar, retratando uma referência muito fiel aos seres criados. Para os idealizadores do estudo, Cooper, Reimann e Cronin (2007), *persona* é a construção de dados reais e representativos com a inclusão de informações fictícias, cujo objetivo é caracterizar, da maneira mais completa possível, a representação do usuário – no caso, o jogador.

A construção da persona pode se dar por meio de dados fictícios e de informações de geolocalização, história e personalidade do jogador retratado. Dessa forma, uma persona precisa ter nome, como um indivíduo da sociedade, e até pode ser representada com imagens, ilustrações, avatares e fotos, para lhe conferir maior realismo.

É importante construir personas porque elas representam, de maneira concreta e personalizada, os jogadores para os quais as ações de marketing e os games são criados – jogadores que, de certa forma, são formados por pessoas imaginárias. A persona é, também, um motivador para a equipe de desenvolvimento de games, pois desperta o interesse sobre os jogadores, atraindo a atenção da equipe de desenvolvimento de design de interação de uma forma que um conjunto de dados brutos não conseguiria (Pruitt; Adlin, 2006).

Alguns autores, entre eles Hourihan (2004), justificam que a utilização de personas auxilia na identificação do público-alvo, evitando que os profissionais que participam do projeto, como o departamento de marketing e de design de games, utilizem o próprio perfil de persona. Hourihan (2004), em um estudo com sua equipe, definiu, de forma inicial, um público-alvo, conforme características baseadas nos desenvolvedores de sua própria equipe. Ele concluiu que as personas definidas pela equipe – ou seja, o público-alvo, no caso específico, os jogadores – não representavam, realmente, o público (jogador) quando a persona foi definida por meio de pesquisas.

Vejamos outro exemplo: os conceitos de persona podem ser aplicados também para uma empresa, que deve definir quais são os seus valores e manter à sua maneira de se comunicar em todos os meios. Nas redes sociais, por exemplo, a persona empresa é o colaborador que atualiza as redes sociais da companhia e que se comunica com os usuários, ou jogadores. No entanto, não é a empresa, propriamente dita, que atualiza suas redes sociais, é o colaborador, assumindo o papel de persona da empresa na qual trabalha.

Os colaboradores, que normalmente são profissionais dos departamentos de marketing e design de games, nas postagens em redes sociais, devem manter o comportamento o mais semelhante possível às políticas da empresa. Isso deve acontecer, também, no momento de interação com os usuários, ou jogadores, nas redes sociais, nas trocas de mensagens e nas respostas a comentários. Geralmente, os valores e os comportamentos da política de uma empresa são representados por meio da credibilidade de mercado, da responsabilidade social e ambiental e, logicamente, do bom atendimento.

Para a persona pública, empregaremos a definição com base em cenários narrativos, descrita por Nielsen (2007), que lista dez etapas para a obtenção do máximo de informações possíveis da persona público:

1. Encontrar o público.
2. Construir uma hipótese.
3. Realizar verificações.
4. Localizar padrões.
5. Construir personas.
6. Definir situações.
7. Promover validação e compromisso.
8. Disseminar conhecimentos.
9. Criar cenários.
10. Desenvolver-se continuamente.

Analisando todas as informações, é possível definir a disputa entre persona empresa e persona pública, além de verificar as contribuições que os departamentos de marketing e de design de games podem disponibilizar para as outras áreas de uma corporação, tornando-se, assim, ferramentas úteis.

2.3.1 Contraste, repetição e geometria

A relação entre elementos contrários é o fundamento do princípio do contraste, e esses elementos podem sem empregados nas formas e nos meios de interação. Estudiosos e designers consideram o contraste um dos principais elementos do design, pois se trata de uma estratégia de composição que torna as peças mais dinâmicas. Dondis (2007, p. 107-108) aponta a importância das polaridades:

as técnicas visuais foram ordenadas em polaridades, não só para demonstrar e acentuar a vasta gama de opções operativas possíveis na concepção e na interpretação de qualquer manifestação visual, mas também para expressar a enorme importância da técnica e do conceito de contraste em todos os meios de expressão visual [...]. Em todas as artes, o contraste é um poderoso instrumento de expressão, o meio para intensificar o significado, e, portanto, simplificar a comunicação.

O **contraste** pode ser aplicado em diversos elementos de uma composição visual em um projeto de design de interação. Assim como as formas, que podem ser círculos, quadrados e linhas, o contraste pode estar relacionado à espessura, ao tamanho, às texturas, à profundidade, aos tons – com a utilização de tonalidades de uma cor em diferentes níveis –, à proporção – com os mesmos elementos em tamanhos diferentes –, à escala etc. Em uma composição visual, pode haver vários tipos de contraste. No design de games, entre outros projetos, é importante ter atenção ao contraste em relação à legibilidade. Dessa forma, nas interfaces, não é recomendável a inserção de textos em fundos muito claros caso os caracteres tenham cor branca.

Figura 2.3 – **Exemplo de contraste de forma e de cor**

RAGI 1008/Shutterstock

A técnica de **repetição** na composição visual também é conhecida como *redundância*. Para ser aplicada ao design de games, são necessárias conexões visuais que não se interrompam e que, no fim, formem uma imagem ou um desenho de maneira unificada. Toda repetição leva o indivíduo a memorizar os elementos constituintes, sejam de um texto, sejam de uma informação ou de uma interface visual, como a dos games.

Figura 2.4 – **Repetição em uma composição**

fran_kie/Shutterstock

Para ser aplicada, a repetição precisa seguir uma geometria padrão; caso contrário, as repetições serão consideradas elementos similares, não repetidos. Na aplicação desse fundamento, em algumas situações, pode haver confusão no uso de elementos orgânicos, que não são geométricos. Nesse caso, o não geométrico é o fundamento da repetição que foi aplicada.

2.3.2 Styling e storytelling

O *styling* é uma etapa do desenvolvimento de projetos de design de games que tem o objetivo de tornar o game atraente para o jogador. Por isso, não leva em consideração a funcionalidade ou a usabilidade da interface. Trata-se de um conceito bastante utilizado na área da moda e que teve grande relevância no momento da quebra da Bolsa de Valores de Nova Iorque, em 1929, disfarçando possíveis falhas de alguns produtos. Seus conceitos podem ser aplicados à renovação de um game sem que a estrutura deste seja alterada.

Atualmente, podemos observar exemplos de vários carros da mesma montadora que compartilham uma plataforma: sua mecânica é idêntica, mas seu exterior é completamente diferente. Assim, a indústria economiza no processo de fabricação e de manutenção, alterando somente o design exterior. Os construtores de design de games utilizam conceitos similares, adotando uma estrutura para definir *templates* que podem ser adaptados a outros games com apenas certas personalizações.

Por sua vez, o *storytelling* parte do princípio de que, no momento que uma informação é transmitida por meio de uma história, poderá ser explorada emocionalmente. O design de game utiliza esse conceito para a estratégia de *branding*, com o intuito de criar conexões entre a empresa e os jogadores. Na prática, os profissionais da área de design de games estão habituados a contar histórias por meio de jogos, elaborando narrativas que atraiam seus jogadores no aspecto emocional.

Dessa forma, observamos que o *storytelling* faz parte do cotidiano das pessoas na comunicação por meio de metáforas, e não por meios extremamente técnicos. Por isso, a narrativa assume esse papel no design de games, tornando o jogador engajado com a experiência proposta pelo jogo. Assim, o *storytelling* é importante como estratégia de marketing para o design de games e, também, no seu desenvolvimento, uma vez que as pessoas se comunicam contando histórias, facilitando a compreensão de informações complexas e a maneira de explicar as experiências vivenciadas no dia a dia.

2.4 Design de interação e design de experiência

Conforme ocorrem as evoluções tecnológicas, a maneira como se dá a interação nos diferentes dispositivos computacionais – por exemplo, os móveis, entre os quais podem ser citados tablets e smartphones, também muda, pois esses instrumentos proporcionam experiências diferentes. Alguns autores estabelecem que o design de interação apresenta algumas características, entre as quais, conforme aponta Carroll (2013), estão:

- **Exploração de futuros possíveis** – Implica em dar enfoque ao que poderia ser, em vez de sedimentar a orientação, a análise e os estudos críticos relacionados ao que já existe. Atividades relacionadas a estudos de usuários ou jogadores e avaliações somativas, por si só, não constituem o design de interação. Embora muito utilizados, deve-se considerar o processo de forma bem mais ampla, o que inclui trabalho de campo, inovação e avaliação.
- **Estruturação do "problema" em paralelo com a criação de possíveis "soluções"** – Diante de mudança, quando se cria algo, a situação em que este algo é usado não é mais a mesma, fazendo-se necessário pensar não somente em diferentes soluções de design, mas também em diferentes problemas. Isso acarreta implicações ao design de interação contemporâneo, tornando-se necessário repensar as noções de especificação de desenvolvimento de sistemas computacionais interativos de forma exaustiva. O desenvolvimento de sistemas tradicionais e os processos de engenharia, em que o objetivo é terminar a análise descritiva para a elaboração da especificação de requisitos antes que o design criativo comece, não são considerados processos planejados.

- **Pensar por meio de esboços e de outras representações tangíveis** – Esboços preliminares ou instantâneos permitem a visualização de futuros possíveis (produtos ainda não existentes), em que designers de interfaces, por meio de seus desenhos, criam microexperiências que respondem com *insights* sobre os pontos fortes, os pontos fracos e as possíveis mudanças existentes em uma iteração de pensamentos, as quais envolvem tato, sentidos e mente. Essa representação externa possibilita uma conversa sobre os detalhes e as implicações de determinada ideia e, nesse caso, um esboço pode ser qualquer coisa, desde um desenho em um guardanapo até a escrita de parte do código em alguma linguagem de programação específica – o que importa é o propósito e a intenção.
- **Aspectos instrumentais, técnicos, estéticos e éticos** – A visualização de futuros possíveis a serem explorados introduz considerações e compensações em dimensões instrumentais, técnicas, estéticas e éticas, e não há evidências de que isso ocorra de forma sequencial. Isso vale igualmente para o design de interação, ou seja, decisões técnicas influenciam as qualidades estéticas da interação resultante e as escolhas instrumentais sobre as quais os recursos são oferecidos e repercutem eticamente no uso destes.

O design experiencial apresenta um escopo bem mais amplo e agregado aos conceitos de design de interação, com características como capacidade de processamento, mobilidade e disponibilidade de informações sem restrições de tempo e espaço. Essas características são cada vez mais necessárias, pois pensar no desenvolvimento de tecnologias remete à determinada situação, enquanto pensar na interação que esse processo de desenvolvimento vai gerar remete a outra.

Toda a interação é resultado de algum tipo de experiência; sendo assim, os jogadores podem vivenciar experiências de qualquer forma, provocadas ou não, razão pela qual é preciso que tais experiências sejam planejadas pela equipe de desenvolvimento de games. Mesmo que não se tenha o controle completo sobre essas experiências, ou seja, a interação, pelo motivo de sua subjetividade, pode certamente haver um melhor direcionamento do que o jogador vai experimentar, minimizando as experiências negativas. Nesse sentido, para Buccini (2008, p. 27), a experiência é vista como "um fenômeno individual que ocorre na mente de cada indivíduo, resultado do processamento de um complexo conjunto de estímulos – internos e externo – e dependente de interpretações subjetivas inerentes de cada pessoa", sendo definida por meio do comportamento do produto (objeto) e da forma com que este é utilizado, ou seja, advém do contato (interação) do usuário com o produto (objeto), indo além das funcionalidades e recursos a ele inerentes.

Analisando a perspectiva experiencial, de certa forma tem destaque a ideia de que as experiências dos jogadores podem ser fortemente influenciadas por atributos intangíveis do produto, como o design, e que isso ocorre por meio de sentidos, sentimentos, pensamentos, ações e interações entre esses elementos, sendo de fácil aplicação nas formas e nos meios de interação.

De certa maneira, é possível perceber que, na tríade designer-sistema-jogador, a função do profissional de design de game é agregar, nos sistemas e nas interfaces dos jogos que projeta, partes de si. Em outras palavras, o designer de interação se vale tanto de assimilações do objeto (sistema/protótipo) – ou seja, de sistemas pré-concebidos ou de suas experiências em sistemas similares e já existentes – quanto de suas vivências e das concepções que tem do mundo.

Dessa maneira, a ação de projetar para a experiência do jogador o transforma em um novo sujeito, que supera a si mesmo, não somente valendo-se da manipulação do objeto (sistema/protótipo), mas também valendo-se das interações realizadas com o jogador e decorrentes do contexto de uso nas formas e nos meios de interação.

Rawpixel.com/Shutterstock

CAPÍTULO 3

PROJETO DE INTERFACE DE USUÁRIO

O projeto de interface de usuário, especificamente nesta obra, em alguns momentos será denominado *interface para o jogador*. Primeiramente, é importante conhecermos o conceito de interface que considera a comunicação como interação entre homem e computador. Dessa forma, o homem é representado pelo jogador, enquanto o game pode ser considerado o console, os dispositivos móveis, como smartphones, tablets, smart TVs, entre outros aparelhos com capacidade para executar os games. O avanço das tecnologias trouxe outras possibilidades de design de games e, com isso, o fundamento de interfaces evoluiu não só para games, mas para todos os projetos digitais. Foram integrados aspectos cognitivos e emocionais do usuário, ou jogador, que ocorrem durante a interação do homem com o computador, ou seja, o game. Lévy (1993, p. 181) descreve a interface como "uma superfície de contato, de tradução, de articulação entre dois espaços, duas espécies, duas ordens de realidade diferentes: de um código para outro, do analógico para o digital, do mecânico para o humano".

Nos projetos de interface de usuário para games, podemos entender que esta representa uma série de particularidades relacionadas à forma como os dispositivos – que podem ser móveis, como os smartphones e tablets, interagem e se comunicam com os usuários, ou jogadores. Dessa maneira, a interface é composta de um conjunto de elementos que tornam possível ao usuário, ou jogador, ver, ouvir e interagir com as informações (Silva, citado por Batista, 2008). Conforme Batista (2008), uma interface é composta de quatro elementos: (i) não textuais; (ii) interativos; (iii) *layout*; e (iv) interpretáveis pelos navegadores.

Luesch-Reis (1991, p. 26), por sua vez, descreve que "o Design de Interface é responsável por propiciar ao usuário a capacidade de visualizar uma informação, ou seja, transpô-la para suportes físicos de modo a facilitar o seu entendimento e assimilação". No momento do desenvolvimento de uma interface, é importante atentar a três pontos considerados chave e que podem ser aplicados facilmente no design de interação. Segundo Rogers, Sharp e Preece (2005, p. 16), esses pontos são:

1. **Formato e densidade informacional**: relacionado à quantidade de informação que determinado usuário será capaz de traduzir, com base em suas limitações cognitivas.

2. **Localização desta informação na interface**: responsável pela escolha do melhor local para se localizar cada componente da interface.

3. **Modo de interação com o usuário**: relacionado à interação homem-máquina referente aos *feedbacks* do sistema perante as ações do usuário e à fácil compreensão da lógica do sistema e humano-humano, proporcionando a sua comunicação com outros usuários.

Umas das principais características dos projetos de design de aplicativos é a **interatividade**. Sobre esse aspecto, Rogers, Sharp e Preece (2005, p.17) sugerem quatro princípios complementares:

1. Tarefas e metas dos usuários são a força subjacente ao desenvolvimento: esse princípio ressalta que o foco do planejamento das interfaces do material digital deve estar no perfil do usuário e nas experiências que ele terá a partir da sua interatividade com o material digital;

2. Comportamento do usuário e contexto de uso são estudados e o sistema é projetado para fornecer suporte a eles, carecendo não apenas tomar conhecimento das tarefas e metas dos usuários como também entender como eles costumam agir para realizá-las;

3. As características dos usuários são capturadas para o *design* atendê-las: os seres humanos são propensos a cometer erros e possuem certas limitações cognitivas e físicas. Logo, o material digital deve levar essa realidade em consideração de modo a auxiliar na diminuição desses possíveis erros e limitações humanas;

4. Os usuários são consultados durante o desenvolvimento desde as primeiras fases até as últimas e sua contribuição é seriamente levada em consideração: independentemente do nível de envolvimento do usuário no desenvolvimento do material digital, sendo assim, é importante considerar a sua opinião em relação ao uso do referido material.

É importante considerar que, no design de interação, uma das funções essenciais da interface é compreender e atender às necessidades e às expectativas dos usuários.

3.1 Fundamentos de interface

Cybis, Betiol e Faust (2010) consideram que o projeto de interface de usuário, o qual pode ser aplicado no desenvolvimento do design de interação para games, além dos fatores de utilidade, disponibilidade e de custo, é o principal elemento responsável por assegurar a satisfação do usuário, ou seja, do jogador que executa um game por meio de um dispositivo. Aplicada ao design de interação, a interface deve considerar os parâmetros mais importantes do projeto, para que o game atenda às necessidades dos jogadores de forma rápida e eficaz.

Alguns autores relacionam os conceitos do design de interação aos padrões de design pertinentes à navegação nos dispositivos móveis, que são, segundo Neil (2012, p. 19), *"springboard* (trampolim), menu de listas, menu de abas, *dashboard* (painéis de instrumentos), metáfora e megamenu". A seguir, veremos a descrição desses tipos padrões de design.

- ***Springboard* (trampolim) ou *launchpad* (plataforma de lançamento)** – Tem a capacidade de operar bem em diferentes dispositivos, pois não depende de sistema operacional. Caracteriza-se por uma página inicial de opções de menu que agem como um ponto de partida para o aplicativo.
- **Menu de lista** – Pode ser considerado um ponto de partida para a localização das funções do aplicativo. Os menus de lista são úteis para títulos longos e para os que requerem subtexto. As três categorias de listas comumente utilizadas são as personalizadas, as agrupadas e as avançadas.
- **Menu de abas** – Para a navegação por abas, o que determina o design é o sistema operacional do dispositivo. Cada sistema tem um design exclusivo de abas, e a programação deve ser feita de maneira personalizada para cada aba. A rolagem horizontal das abas inferiores fornece mais opções, sem a necessidade de mais telas e de manipulação pelo polegar. Abas superiores são mais familiares, já que lembram a navegação de websites.

- ***Dashboard* (painéis de instrumentos)** – Exibem um resumo de parâmetros de desempenho. Cada métrica pode ser examinada para que informações adicionais sejam verificadas. Esse padrão de navegação é aproveitável em aplicativos financeiros, em ferramentas analíticas e em aplicativos de vendas e de marketing.
- **Metáfora** – Caracteriza-se por aplicativos que ajudam as pessoas a catalogar e a categorizar itens, como uma biblioteca de músicas.
- **Megamenu** – O megamenu móvel é como o da *web*, que consiste em um grande painel sobreposto com formatação e com agrupamento personalizado das opções de menu.

Com a definição de alguns padrões de design, é importante que nos preocupemos com o diagrama de navegação, que apresentará, de maneira visual, a forma como o usuário, ou jogador, navegará de uma fase para outra no game. Além do diagrama de navegação, é fundamental a criação de um protótipo – uma versão desenvolvida com especificações preliminares que simulam as funcionalidades e a aparência visual de um game.

3.2 Modelos conceituais e metáforas de interface

O modelo conceitual deve ser a base não apenas para o desenvolvimento da interface, mas também para a concepção projetual do sistema, de modo a evidenciar as decisões que devem ser tomadas e articular estratégias em favor da concepção de um sistema. Para a criação de um modelo conceitual, é necessário estruturar, descrever e restringir o que for necessário na comunicação e na interação entre o homem e o sistema, ou seja, o jogador e o game, pois é o momento de elaboração de ideias, fundamentos e, como o próprio nome diz, conceitos.

Nessa etapa, indica-se elaborar esboços, anotações, croquis e, se possível, protótipos de baixa fidelidade, ou pelo menos diagramas de como vai funcionar o sistema, além da maneira como será feita essa representação. Segundo Rogers, Sharp e Preece (2005), o modelo conceitual consiste em: "Uma descrição do sistema proposto – em termos de um conjunto de ideias e conceitos integrados a respeito do que ele deve fazer, de como deve se comportar e com o que deve parecer – que seja compreendida pelos usuários da forma pretendida".

Para a elaboração de um modelo conceitual, utiliza-se como base as necessidades dos usuários (jogadores) e o modo como o sistema (game) vai suprir essas necessidades. O desenvolvedor então cria um modelo mental complexo, pois deve projetar uma visão de como será a interação do jogador com o game, com base no ponto de vista do jogador. O ponto de vista do jogador é a etapa mais complexa, pois o desenvolvedor, ou seja, o gamer design, não tem controle de como funciona a mente dos jogadores, razão por que é necessário ter subsídios de pesquisas. Sempre que possível, é indicado que, no momento da criação do modelo conceitual, seja integrado na equipe jogadores que vão utilizar a interface do game.

É importante que o modelo conceitual seja bem fundamentado, não utilizando apenas a observação do comportamento e da interação dos usuários com os dispositivos e os sistemas, mas também elaborando testes por meio de questionário com objetivo de identificar as necessidades, os requisitos e as expectativas. Existem testes de comparação que ajudam a executar essa análise, entre os quais o conhecido como *Teste A/B*, que é executado com controle e no qual são analisadas as experiências dos usuários nas duas variantes, com objetivo de melhorar a porcentagem de satisfação, ou seja, a aprovação. Dessa forma, os elementos também podem ter variações, dentre as quais é possível identificar qual tipo de variação obteve mais resultados positivos.

Na prática, o teste de A/B pode ser aplicado, por exemplo, com duas versões similares de interface, variando os elementos que são direcionados para atrair o interesse dos usuários, sendo que a versão A pode ser usada com controle, ou seja, pode ser o game atual sem alterações, e a versão B, a nova versão com alterações. Também existem outros tipos de testes, os chamados *multivariados* e *de balde*, que são, de certa forma, similares ao teste A/B, mas cujo método aplicado é de análise de mais duas versões distintas ao mesmo tempo.

Figura 3.1 – **Exemplo de teste A/B**

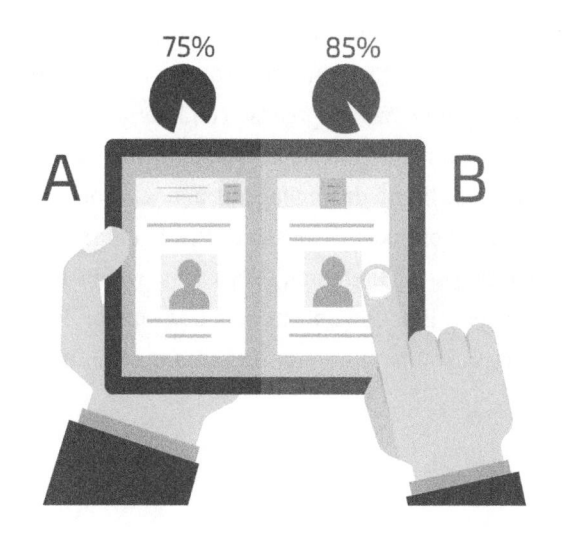

Andrii Symonenko/Shutterstock

Os testes podem ajudar no desenvolvimento do modelo conceitual, permitindo assim que se entenda a lógica e todos os elementos que podem compor uma interface, além de possibilitar a construção de relações com o contexto e auxiliar a leitura e a interpretação de uma interface pelos usuários. Rocha e Baranauskas (2003, p. 98) apontam que "O designer deve assegurar que a imagem do sistema seja consistente com seu modelo conceitual, uma vez que é através da imagem do sistema que o usuário forma seu modelo mental. Idealmente, ambos Modelo do Designer e Modelo do Usuário deveriam coincidir".

Nos projetos de design de interação, o modelo conceitual tem a função de ser um norteador, pois permite prever os efeitos das ações executadas pelos jogadores, dando subsídios para o desenvolvimento de interfaces que auxiliem os jogadores a compreender mais facilmente o jogo. Os games desenvolvidos usando os modelos conceituais, de certa forma, são guias e podem ser utilizados para verificar a usabilidade, conferindo os *feedbacks* do game em relação às solicitações dos jogadores, com o objetivo de minimizar os erros que podem acontecer e que, consequentemente, interferem no desempenho do jogo e na compreensão da interface.

Sobre as metáforas da interface, normalmente não percebemos que utilizamos essa figura de linguagem em nosso cotidiano, pois, já fazem parte da experiência do nosso conhecimento; não aparecem somente na poesia ou na literatura, são parte integrante do pensamento e da linguagem. Elas funcionam de modo similar nas interfaces que usamos e projetamos; no momento em que um usuário move um arquivo ou documento de uma pasta (diretório) para outro local em um sistema operacional, como o Windows ou iOS, ele entende que realmente está trocando o arquivo ou documento de lugar – este é um exemplo bem prático de uma metáfora. Outro exemplo é o recurso de recortar ou de colar apresentados pelos editores de textos, como o Word; na realidade, quando o usuário utiliza o recurso de cortar, um texto ou objeto fica armazenado no buffer, mas os usuários, principalmente os que ainda são iniciantes, entendem que realmente o arquivo sumiu.

Para ser compreensível, uma interface deve levar em consideração o indivíduo que vai utilizá-la, ou seja, deve ser criada de acordo com os conhecimentos do jogador, para que a interação aconteça de forma natural. Observando as interfaces atuais de programas e sistemas operacionais, o ícone "salvar", que normalmente é representado por um disquete, já não aparece mais com a mesma frequência, pois o disquete não é mais utilizado para salvar arquivos há alguns anos. Sendo assim, os indivíduos que nunca utilizaram os disquetes para salvar arquivos não conseguem assimilar o ícone com a sua função. Esse é outro exemplo prático de metáforas da interface.

Por isso, no desenvolvimento de uma interface, os designers precisam levar em consideração não somente as questões visuais, como os tipos (fontes de letras), que devem ser legíveis, as barras de rolagens funcionais, a harmonia das cores, o som e a voz, mas também como o usuário (jogador) vai utilizar esses recursos e ainda melhorar e facilitar o seu uso com a máquina (console, dispositivos móveis etc.) ou o sistema (game).

3.3 Projeto de interfaces *mobile* para games

Segundo Blair (1998), a combinação da infraestrutura de comunicação sem fio e dos dispositivos de computação portáteis lançou as bases para um novo paradigma de computação, a chamada *computação mobile*. Ela permite aos usuários acessar informações, jogar e colaborar com outras pessoas enquanto estão em movimento. Forman e Zahorjan (1994) complementam essa afirmação e definem a computação *mobile* como uma tecnologia que permite o acesso a recursos digitais a qualquer momento e com base em qualquer localização, eliminando restrições de tempo e de lugar impostas pelos computadores desktops e pelas redes com fio. No entanto, no design de interação para interfaces de games *mobile* é importante considerar as limitações desses dispositivos.

Mesmo com todos os avanços dos dispositivos *mobile*, existem, de certa forma, limitações de memória, de processamento, de resolução e de tamanho de telas, principalmente no que tange à operação de games. Esse é um desafio que os profissionais de design de games enfrentam no desenvolvimento de jogos, uma vez que devem criar interfaces que organizem toda a complexidade do game e, ao mesmo tempo, atendam às restrições dos dispositivos, como o consumo de bateria, o tamanho de tela e a infraestrutura de rede de internet. Lee e Chuvyrov (2012) apontam quatro características dos dispositivos móveis:

1. **Portabilidade** – São facilmente transportáveis. Os fatores que podem afetar essa característica são o tamanho e o peso do dispositivo e de seus acessórios.

2. **Usabilidade** – Diz respeito à facilidade de utilização do dispositivo, levando em consideração as particularidades dos usuários.
3. **Funcionalidade** – Esta característica divide os dispositivos em duas categorias: (i) os que funcionam de maneira dependente, cuja existência consiste na necessidade de conexão com outro sistema ou usuário; e (ii) os que funcionam de maneira independente, sem a necessidade de nenhum tipo de interação.
4. **Conectividade** – Os dispositivos móveis devem conectar-se às redes, aos sistemas e/ou às pessoas.

Os profissionais que atuam na área de design de interfaces para *mobile* devem dominar essas características a fim de desenvolver interfaces que dialoguem de maneira harmoniosa com os dispositivos usados para operar os games. Para o projeto de interface direcionado a games, é importante, primeiramente, conhecer as principais características técnicas do desenvolvimento de games de console e para *mobile*. A primeira etapa para o desenvolvimento do projeto da interface normalmente é de determinação prévia da plataforma em que o game será executado. Essas plataformas podem ser os dispositivos móveis, como smartphones e tablets, além de consoles, computadores, notebooks, smart TVs, entre outras. Portanto, é fundamental conhecer as particularidades da plataforma para a qual o game será desenvolvido e elaborar vários testes durante seu desenvolvimento, a fim de minimizar erros e identificá-los antes do lançamento do game e ter o *feedback* de potenciais jogadores.

Apesar da importância de os games serem multiplataformas, várias empresas de desenvolvimento adotam apenas uma plataforma específica, adaptando seus games às demais apenas após a sua implementação funcional (Reis Junior; Nassu; Jonack, 2002.). Esse procedimento pode ser aplicado por empresas cujos games foram desenvolvidos para uma única plataforma de console e precisam adaptá-los ao desenvolvimento *mobile*, por exemplo.

As principais características técnicas do desenvolvimento de games *mobile* são similares a de outras plataformas, mas é relevante que as regras do jogo tenham mais simplicidade. Esse atributo se torna uma vantagem, pois melhora a jogabilidade do game. Dos jogos *mobile*, além da empresa de desenvolvimento, participam outras, sendo que sua comercialização é intermediada pelas lojas de aplicativos dos sistemas operacionais. Nos games on-line, as operadoras de telefonia, de certa forma, também estão envolvidas, pois o fluxo de dados aumenta no momento em que o game é executado. Diante disso, devemos considerar, no desenvolvimento de games *mobile*, o espaço que ocuparão no dispositivo móvel, a compatibilidade com as lojas de aplicativos e o fluxo de dados que o game gerará. As quatro etapas principais do desenvolvimento de games *mobile* são: (i) game design document; (ii) level design; (iii) arte/animação; (iv) programação.

Essas etapas são similares às de outras plataformas, mas levam em consideração as particularidades da plataforma *mobile*, principalmente as relacionadas ao peso final do game e à geração do fluxo de dados, como apontam Breyer et al. (2006, p. 31):

> A equipe de game design é responsável pela elaboração do conceito do jogo em todos os seus aspectos projetuais. A equipe de programação é responsável pela implementação funcional e a de arte pela apresentação visual do jogo. Normalmente, esta equipe multidisciplinar trabalha em paralelo, uma alimentando a outra, passando por diversas fases até alcançar a versão Ouro, que chega ao consumidor. (Breyer et al., 2006, p. 31)

Na prática, a etapa do game design *document* é composta da primeira ideia de planejamento do desenvolvimento do game. Questões de inovação, originalidade, público-alvo (jogadores) e expectativa de mercado são levantadas e, igualmente, são indicados os comandos gerais de interatividade do game. As características dos personagens, dos *levels* (fases dos game), dos cenários – com uma prévia das texturas –, das cores, da iluminação, das sombras, da interação, dos movimentos, das perspectivas e de outros aspectos de jogabilidade são definidos nessa fase.

Na etapa de *level* design, são traçadas as orientações que vão compor o mapa de desafios que o jogador precisará cumprir para passar de uma fase para a outra. "Este trabalho é complementar ao do game designer e de comando necessário à construção das artes conceitos e interfaces desenvolvidas pelo artista de conceito e animadores respectivamente" (Perucia et al., 2005, p. 23).

No processo de criação de arte/animações, são elaborados cenários e personagens em 2D ou em 3D, de acordo com as demandas do roteiro. Nos games *mobile*, é preciso ter cuidado com a complexidade das animações, pois estas precisam ser carregadas rapidamente, evitando travamentos durante a execução do game. Na etapa da programação, os processos anteriores são unificados em um único projeto, apresentando a interface do jogador com a codificação dos arquivos de áudio e, nos jogos mais complexos, até elementos de inteligência artificial.

No desenvolvimento de games *mobile*, é importante considerar os recursos disponíveis nos dispositivos, como tela *touchscreen*, sensor de movimentos, entre outros; e as condições e os locais em que o jogador executará o jogo, que podem ser uma fila, o transporte público, um intervalo das atividades. Pensando nisso, uma das características dos games *mobile* são os jogos de curta duração e com partidas rápidas. Essas características não são obrigatórias, mas são muito relevantes, visto que os games *mobile* são, na maioria das vezes, utilizados para passar o tempo. Para alguns jogadores, são atividades para quando não há acesso a outras plataformas, como consoles, smart TVs, computadores e notebooks.

É fundamental prever situações que só podem acontecer nessa plataforma, como a possibilidade de o jogador receber uma ligação ou uma notificação durante o jogo. Existem vários parâmetros definidos para essas situações, mas é necessário pensar em quais serão as ações que o jogador poderá executar nesses contextos, pois afetarão a fluidez do game, principalmente se for de longa duração.

3.3.1 Customização de controles, texturas e objetos

Nos projetos de interfaces de usuário, especificamente para o design de interação direcionado aos jogos, deve-se levar em consideração que os controles dos games de consoles são os periféricos usados para interagir nos jogos. Em computadores e notebooks, embora possa se utilizar esses periféricos, os games podem ser controlados pelo *mouse* e pelo teclado. Nos dispositivos móveis, por outro lado, a utilização de periféricos quase não existe. Dessa forma, no desenvolvimento de games *mobile*, entre outras considerações, é necessário pensar de que forma serão aplicados os conceitos de customização de controles, a qual inclui a definição da localização dos botões na interface e a análise de quais recursos dos dispositivos *mobile* podem ser utilizados no controle de um jogo.

Os sensores de movimento, por exemplo, podem ser usados para a customização de controles, mas não podemos nos esquecer do conforto do jogador. Em um game de corrida, por exemplo, é comum a utilização de sensores que identificam a inclinação do smartphone ou do tablet como controle – ou seja, se o aparelho estiver inclinado para a esquerda, será efetuada uma curva nessa direção. Quando o game for de longa duração, é importante estudar as tecnologias disponíveis nos dispositivos móveis para propor conforto e a melhor experiência para o jogador. Nesse sentido, devemos avaliar tanto as tecnologias dos dispositivos móveis que existem na maioria dos aparelhos quanto as que estão disponíveis em apenas alguns modelos de smartphones e de tablets, as quais podem disponibilizar recursos e ser utilizadas como atrativos no controle e na customização de um game.

Além da customização de controles, é importante considerar as texturas, que são as cores e/ou as imagens aplicadas nos personagens, nos cenários, nos objetos e em todos os elementos dos jogos. As texturas tornam os games mais realísticos, visto que buscam ser as mais semelhantes possível ao elemento real representado, utilizando, para isso, os atributos de cores, de sombras, de relevo etc. As texturas garantem a qualidade dos gráficos que são apresentados nos games, sendo que, se for utilizada uma textura de baixa qualidade, isso pode resultar em gráficos com irregularidades e, às vezes, até tornar difícil a compreensão daquele elemento.

Figura 3.2 – **Exemplo de desenho em três dimensões, com sombras e texturas**

perianjs/Pixabay.com

É importante ter atenção à aplicação das texturas no projeto de interface para o jogador, pois o excesso pode tornar o game pesado, atrapalhando sua execução e seu download em um dispositivo móvel, por exemplo. As texturas precisam ter um visual agradável, principalmente se o game for de longa duração, já que o jogador passará um longo período com os olhos direcionados para a tela de um dispositivo móvel ou de uma tela.

Os objetos também são elementos importantes no desenvolvimento de games *mobile*. Schell (2015) aponta que os objetos equivalem aos substantivos das mecânicas de jogos. Assim, encaixa-se na categoria *objeto* tudo o que o jogador pode visualizar e com o que pode interagir no ambiente virtual do game. Cada objeto adicionado a um jogo conterá algum tipo de atributo, desde informações complexas até um simples dado de localização de um objeto no ambiente virtual. Os objetos podem ter atributos estáticos, como textura e cor fixas; e dinâmicos, como acontece em um jogo de xadrez, em que a rainha tem as habilidades de todas as demais peças do tabuleiro.

Os objetos podem ser elementos de vários tipos. Por isso, é importante, para aprimorar a experiência do jogador, não o sobrecarregar com objetos desnecessários. Na prática, um game on-line, por exemplo, deve ter a função de decidir quais objetos serão visualizados para todos os jogadores e quais serão mostrados apenas para alguns, de acordo com cada ponto de vista. A quantidade de objetos apresentada para os jogadores, quando for executada a adaptação de um game de console de longa duração para o ambiente *mobile*, garantirá a fluidez do jogo e a imersão do usuário.

3.3.2 Plataformas de desenvolvimento de projetos de interfaces

O design de um game deve ser pensado de modo que propicie melhor adaptação às características das plataformas e das tecnologias e, sempre que for possível, deve ser desenvolvido exclusivamente para cada dispositivo e para cada sistema operacional em que será executado.

As principais plataformas *mobiles* são os sistemas operacionais iOS e Android, cujas tecnologias são, respectivamente, JQuery Mobile e PhoneGap. O sistema operacional Android é desenvolvido pela empresa Google; seu código, fundamentado no kernel do Linux, é aberto e está em constante evolução, o que o torna um grande facilitador para o design de aplicativos em que games podem ser incluídos.

O sistema operacional iOS, pertencente à Apple, tem código fechado e é executado apenas nos dispositivos da marca, como iPads e iPhones. A primeira aparição desse sistema foi em 2007, com o primeiro iPhone, que pode ser considerado um marco da mudança na forma como os aplicativos *mobile* eram criados e comercializados. Os apps desenvolvidos para a plataforma iOS são escritos em linguagem de programação Objective-C e utilizam a biblioteca Cocoa Touch (Apple, 2014).

A linguagem Objective-C e o iOS têm evoluído ao longo dos anos para outras tecnologias, como o JQuery Mobile, cujo design de aplicativos e games é fundamentado no HTML5. Seu objetivo é possibilitar que Apps e games possam ser visualizados em todos os dispositivos *mobile*, independentemente da plataforma em que são executados. Assim, em vez de escrever aplicativos ou games exclusivos para cada dispositivo *mobile* e para cada sistema operacional, o JQuery permite a criação de aplicativos altamente responsivos e que funcionam em todos os tipos de dispositivo.

Outra tecnologia utilizada nos aplicativos móveis é o PhoneGap, que é um *framework* de código aberto que fomenta a criação de aplicativos *mobile* com base em tecnologias *web*: HTML5, CSS e JavaScript (Phonegap, 2014). Para entender melhor o conceito de *framework*, é preciso considerá-lo um *template* – ou seja, um modelo de documento que oferece várias utilidades ao desenvolvedor de aplicativos ou games. Isso facilita o trabalho do designer, pois não é necessário dispor de tempo para reproduzir a mesma função em diferentes projetos.

O *template* é um esqueleto, a plataforma de criação com uma estrutura pronta, guias, ferramentas e componentes. A utilização de *frameworks* resulta na redução de custos e no aumento da produtividade. Além das plataformas, o design de aplicativos deve levar em consideração outras características, que são classificadas por Smutny (2012, p. 654, tradução nossa) como aspectos nativos e híbridos:

> Nativos: são aplicativos móveis rápidos e confiáveis, mas estão ligados a uma plataforma móvel. Isso significa que o desenvolvedor deve duplicá-los usando a linguagem de programação adequada, caso queira disponibilizá-los em outra plataforma móvel. Por exemplo, caso um aplicativo desenvolvido nativamente para Android seja disponibilizado para iOS, deverá ser desenvolvido utilizando a linguagem Objective-C.
>
> Híbridos: são aplicativos desenvolvidos com a utilização de frameworks que se comprometem em garantir a compatibilidade entre plataformas de dispositivos móveis diferentes, permitindo o acesso ao hardware (câmera, GPS e NFC). Por exemplo, um aplicativo móvel desenvolvido com o PhoneGap para iOS pode ser reutilizado para a plataforma Android.

Os *frameworks* possibilitam outros recursos, como grupos de bibliotecas, que tornam possível aos criadores executar alterações de operações de grande volume com uma maior agilidade e em um curto espaço de tempo. Facilitam, também, a reescritura de códigos: o desenvolvedor se preocupa apenas com a validação de campos e com a conexão com bancos de dados.

3.4 Planejamento da interface do usuário

O planejamento da interface do usuário é essencial para que todas as etapas sejam desenvolvidas com o menor risco possível de eventualidades. Em alguns casos, os profissionais da área de design de interação são responsáveis não só por gerenciar as etapas relacionadas à identidade visual e à interface do usuário (jogador), mas também por todo o processo de desenvolvimento do projeto. Para isso, é importante o conhecimento de gestão de projetos, noções administrativas, habilidades e de técnicas para a estruturação de funções referentes a um conjunto de objetivos predefinidos em determinado prazo, atentando-se para o custo e a qualidade, mediante os recursos técnicos e de pessoal.

Para planejar o projeto de interface de usuário com eficiência, é necessário que todos os profissionais disponibilizem tempo e empenho, não somente o gestor. Também é importante o uso de recursos que ajudem a concentrar todas as informações, os dados e, até mesmo, as ferramentas que facilitam incluir ideias que surjam no desenvolvimento do projeto e que possam ser compartilhadas com toda a equipe.

As **ferramentas** mais comuns no planejamento de projetos de design de interface de usuários são direcionadas para uma maior organização das etapas do trabalho, por meio de controles em planilhas e uso de pastas de colaboração pelos membros da equipe e por todos que estão relacionados com os documentos dos projetos. Como o planejamento é compartilhado e manipulado por todos os membros, há o risco de perda ou de corromper tais documentos, tornando-se difícil limitar e controlar os documentos que devem e podem ser acessados pelos membros da equipe.

Desenvolver o planejamento de projetos de design de interface de usuários com recursos que não são adequados transmite a ideia de amadorismo na gestão e influencia o modo como o planejamento é visto pelos colaboradores que atuam no projeto e pelos clientes, porque, na maioria dos projetos, os clientes acompanham o seu desenvolvimento, acessando as informações disponibilizadas pelo gestor.

Percebemos, assim, a importância da utilização de plataformas de gestão on-line. O planejamento de projetos de interface de usuário não pode ser desempenhado com acumulação de papéis, falhas ou falta de comunicação da equipe e controle fragmentado de informações. Nesse sentido, as inovações tecnológicas proporcionaram um número amplo de ferramentas de gestão de projetos para facilitar o gerenciamento, o planejamento e o processo de execução e de documentação de um projeto. Conhecidas como *plataformas de gestão de projetos on-line*, elas lidam com as atividades e acompanham o cronograma de tarefas, assim como o desenvolvimento do projeto. Nessas plataformas, é necessário organizar a coleta de informações para uma gestão eficaz do projeto.

3.4.1 Desenvolvimento do roteiro de projeto

Na produção de projeto de interface para o usuário, é importante planejar o desenvolvimento, sendo o primeiro passo a identificação de uma problemática, o que pode ser feito pela aplicação de uma pesquisa de mercado ou tendência, pela análise de um game que já está no mercado ou pela solicitação para a criação de um novo projeto. O próximo passo é a construção de um roteiro de projeto com base na problemática levantada. Esse roteiro serve como referência para o processo de produção, criação e até de divulgação de um projeto de interface para o usuário (jogador), partindo de uma ideia inicial com o objetivo de pôr em prática o desenvolvimento do projeto. O conteúdo do planejamento deve ser adaptado para atender às particularidades de cada projeto, sendo fundamental seguir um roteiro.

O primeiro ponto da construção desse roteiro é definir de maneira clara as metas e os objetivos.

> Para facilitar essa definição, responda às seguintes questões relacionadas ao projeto que será desenvolvido:
> - Qual o diferencial do game?
> - O que esse projeto de game oferece que os concorrentes não oferecem?
> - Quais as expectativas em relação ao projeto?
> - Qual a melhor maneira de alcançar as expectativas?
> - Qual é a sua persona?

O segundo passo é definir quais serão os recursos necessários para tornar o game real. Um ponto relevante é a questão financeira: Quanto será necessário para que o projeto saia do papel? Nesse momento, acrescentam-se as informações do orçamento para o desenvolvimento, que deve levar em consideração o custo com equipe, parceiros, equipamentos, infraestrutura e plataformas. Além disso, deve-se verificar se haverá investidores, financiamento coletivo e o quanto se pode investir monetariamente ou em tempo, entre outros aspectos.

O terceiro ponto do roteiro é definir a equipe, as funções e as tarefas de cada integrante. Isso é importante para que todos os participantes do projeto se sintam responsáveis e engajados na criação e na produção deste. Já a quarta etapa do roteiro consiste no desenvolvimento do cronograma com a descrição dos estágios do projeto, partindo do planejamento, da criação, da produção e da entrega. Nessa etapa, deve-se fazer uso de uma plataforma de gestão de projetos. O cronograma pode ser compreendido como uma base que mostra graficamente cada item da estrutura analítica do projeto em uma escala de tempo, indicando o período em que uma etapa deve ser realizada. A quantidade de tempo para executar uma tarefa é o seu intervalo, sem levar em consideração o número de pessoas necessário para que isso aconteça.

A organização do cronograma de um projeto é mais eficaz em plataformas de gestão de projetos on-line, sendo a forma principal de gestão de tempo do projeto definida pelo cronograma de atividades e responsáveis, no qual são indicados os pontos de início e fim para cada atividade, desenvolvendo uma cadeia sequencial e lógica. Nos casos em que o projeto não é desenvolvido em sequência, o cronograma auxilia a organização a evitar o surgimento de lacunas no processo de desenvolvimento. O cronograma tem como objetivo principal oportunizar que as etapas sejam finalizadas no prazo estipulado, fator importante para a satisfação do cliente.

Para organizar o cronograma, é preciso considerar as variáveis, baseando-se no escopo do projeto, no conhecimento das etapas que devem ser percorridas e nos recursos necessários para finalizar o projeto. Com o cronograma, é possível identificar a ordem das etapas do projeto de forma visual e garantir que tudo ocorra dentro dos prazos, fazendo os ajustes necessários. O cronograma mapeia o projeto e facilita a identificação de etapas que podem ter algum problema, e, quando elaborado em uma plataforma de projetos on--line, mensura também o desempenho da equipe.

O quinto ponto do roteiro é manter o acompanhamento, pois um projeto de interface do usuário não finaliza quando já foi lançado e está em pleno funcionamento, ou seja, quando os jogadores já estão baixando nas lojas dos aplicativos ou fazendo download no console ou na smart TV. Assim, é necessário estabelecer uma estratégia de acompanhamento após a entrega do projeto, a fim de saber como serão feitos a avaliação de *feedback* e o acompanhamento da experiência do jogador. Nessa etapa, mensura-se o resultado do projeto do game. Por mais que ele tenha sido planejado e testado, não pode ser considerado 100% pronto até que os jogadores o utilizem.

3.4.2 Descrição da problemática de um projeto

A partir da construção e da descrição de um roteiro de projeto, é possível descrever a problemática deste e a pesquisa que deve ser realizada. É importante frisar que, em uma pesquisa, é necessário, no caso da identificação de um problema, compreender as informações que não foram consideradas satisfatórias para sua explicação ou resolução. Para descrever a problemática, é preciso pensar em uma reflexão de como o design de interação poderá propor novas experiências na área de atuação ou gênero do game. Também, deve-se iniciar por uma pergunta que irá direcionar a pesquisa para a criação de um problema, ou seja, que irá determinar a problemática.

Para desenvolver essa pergunta, não basta levar em consideração as informações apontadas pelo cliente ou fazê-lo por curiosidade própria.

Algumas perguntas relacionadas ao projeto podem ser feitas para ajudar na definição da problemática de um projeto:
- Que mercado da área de atuação ou gênero do game pretende-se suprir?
- O que se sabe sobre o projeto de game que se pretende desenvolver?
- O que não se conhece sobre o que projeto game que pode ser abordado?
- O que é controverso sobre o projeto do game que será desenvolvido?

O modo mais simples é elaborar a pergunta em uma frase única, que será aprimorada com o passar do tempo, da qual surgirá a problemática do projeto para o desenvolvimento da pesquisa. Nesse processo, é preciso sempre refletir sobre quais perguntas ou soluções ainda não foram obtidas com projetos de game da área.

3.4.3 Criação de estrutura analítica de projeto (EAP)

Depois de inteirar-se das etapas para a construção de um roteiro de projeto e de descrever a sua problemática, o profissional de design de interação deve iniciar a construção de uma estrutura analítica de projeto (EAP). É preciso atentar-se para não confundir a EAP com o cronograma, o qual deve ser elaborado somente depois de aquela ter sido estruturada. Dessa maneira, fica mais fácil organizar as informações no cronograma de modo sequencial. A EAP retrata fragmentos do escopo em formato de atividades ou tarefas que desenham o projeto; nela, são desmembrados os afazeres de nível macro para, depois, chegar ao nível micro, de forma detalhista, relatando o que é necessário a ser desenvolvido e a ser entregue durante a execução dos trabalhos.

A construção de uma EAP normalmente é desenvolvida pelos profissionais mais experientes, os gestores. Em alguns casos, estes podem ser auxiliados por colaboradores especializados em cada etapa do projeto.

> Na sequência, apresentamos de forma resumida cinco orientações, com o intuito de simplificar a construção de EAP.
> 1. Decompor a EAP em fases, em atividades e em níveis fáceis de serem gerenciados.
> 2. Planejar as entregas, não as ações.
> 3. Dividir os pacotes de trabalho em tempo adequado.
> 4. Utilizar modelos de EAP de projetos concluídos para otimizar o trabalho e aproveitar as experiências vividas.
> 5. Ter atenção para que o custo do gerenciamento não seja maior do que o custo da tarefa.

É comum surgirem dúvidas em relação à diferença entre EAP e cronograma de projetos, bem como se é necessário, na prática, desenvolver os dois documentos, já que, para ambos, o grau de divisão de tarefas depende da capacidade e da necessidade do gestor de administrar cada etapa. Todos os projetos têm suas particularidades: nos projetos de design de interfaces de grande porte e de games extremamente complexos, por exemplo, não é padrão detalhar todas as etapas, visto que estas são inúmeras, sendo quase impossível controlá-las minuciosamente. Isso não acontece em projetos de pequeno porte, em cuja administração o gestor pode ser mais minucioso e ter maior controle sobre as tarefas. Existem alguns casos de gestores que migram de projetos pequenos para grandes, nos quais os cuidados minuciosos acabam travando o processo de desenvolvimento e gerando uma grande carga de trabalho.

3.5 Gerenciamento de projeto de interface de usuário

O profissional que trabalha com produção de design de interação é o responsável não apenas por gerenciar etapas relacionadas à identidade visual, ao *front-end* e à *User Interface* (UI, em português, interface do usuário), mas também por todo o processo de desenvolvimento do projeto. Para todas as situações, são necessários conhecimentos de gestão de projetos – denominados *gerência de projetos*, *gerenciamento de projetos* ou, ainda, *administração de projetos*. Por isso, é importante a utilização de plataformas de gestão on-line.

O planejamento de projetos de design de interação não pode ser desempenhado com acumulação de papeis, falhas ou falta de comunicação da equipe e controle fragmentado de informações. Nesse sentido, as inovações tecnológicas proporcionaram um número amplo de ferramentas de gestão de projetos para facilitar o gerenciamento, o planejamento e o processo de execução e de documentação de um projeto. Conhecidas como *plataformas de gestão de projetos on-line*, lidam com as atividades e acompanham o cronograma de tarefas e o desenvolvimento do projeto. Nessas plataformas, é necessário organizar a coleta de informações para uma gestão eficaz do projeto.

A plataforma Trello é um exemplo de gestão de projetos gratuita. Ele tem algumas limitações de uso no modo gratuito, mas é de fácil utilização, pois sua interface é simples e intuitiva. A organização dos projetos e a sua representação ocorrem por meio de quadros ou cartões em que são inseridas listas de tarefas. Essas listas são compartilhadas por toda a equipe em tempo real e admitem a possibilidade de atribuição de atividades. Por outro lado, existem outras plataformas de gestão de projetos on-line que podem ser empregadas na produção de aplicativos, conforme observamos no quadro a seguir.

Quadro 3.1 – **Lista de plataformas de gestão on-line**

Plataforma	URL	Plataforma	URL
Producteev	https://www.producteev.com	Runrun.it	https://runrun.it/
Operand	https://www.operand.com.br/	Podio	https://podio.com
Teamwork	https://www.teamwork.com	Bitrix24	https://www.bitrix24.com
GanttProject	http://www.ganttproject.biz	Asana	https://asana.com/pt
Slack	https://slack.com/	MeisterTask	https://www.meistertask.com
Basecamp 3	https://basecamp.com	Pipefy	https://www.pipefy.com/
Monday.com	https://monday.com/features	Zenkit	https://zenkit.com/pt-br/
Paymo	https://www.paymoapp.com	Hibox	https://www.hibox.co/pb/
Mavenlink	https://www.mavenlink.com	Azendoo	https://www.azendoo.com
Yanado	https://yanado.com	Avaza	https://www.avaza.com
ClickUp	https://clickup.com	Redbooth	https://redbooth.com
Redmine	https://www.redmine.org	Accelo	https://www.accelo.com/
Artia	https://artia.com	Jira	https://br.atlassian.com

Além destas, há ainda a plataforma Wrike, cujo gerenciamento de projetos é mais direcionado às equipes de desenvolvimento e de criação. Ela apresenta uma ferramenta que permite editar e executar a gestão de arquivos na própria plataforma, otimizando o trabalho colaborativo. Os membros das equipes, quando desejam indicar alterações e fazer comentários, podem simplesmente utilizar menções com @ (arroba), ao estilo de redes sociais como Facebook, Instagram, Twitter, entre outras. A Wrike conta com as versões paga e gratuita, que podem ser personalizadas conforme a área de atuação e o tamanho do projeto ou da empresa.

3.5.1 Definição da plataforma de gestão de projeto on-line

Existem inúmeras ferramentas para gestão de projetos on-line. Todas têm a sua particularidade e contam com funções diferentes. Recomenda-se que o designer de interação utilize a plataforma mais adequada ao perfil de suas necessidades. Em um primeiro momento, é importante solicitar indicações a profissionais que já fazem uso da plataforma escolhida e, no momento de fazer a escolha, analisar alguns fatores para definir a ferramenta ideal de gestão de projetos.

A complexidade dos projetos de design de games é um fator que deve ser levado em consideração na opção por uma plataforma de gestão on-line. Há plataformas direcionadas a projetos com grande quantidade de volume de informações e com complexidade alta. Já, se o projeto não for de grande complexidade, o ideal é trabalhar com plataformas mais simples, pois utilizar recursos complexos sem real necessidade pode dificultar a gestão do projeto. No caso das plataformas pagas, o custo pode representar uma despesa desnecessária.

Outra forma de definir a plataforma de gestão de projetos on-line é por meio da área de atuação do projeto. Há inúmeras ferramentas especializadas no auxílio de determinadas áreas, como criação de conteúdo, desenvolvimento de softwares, marketing e criação de aplicativos. Utilizar uma ferramenta especializada gera benefícios, pois elas apresentam recursos específicos para atender a equipe focada na área do projeto.

A quantidade de colaboradores envolvidos é outro fator importante para definir a plataforma de gestão que será utilizada no projeto. Algumas plataformas, em suas versões gratuitas, limitam a quantidade de colaboradores permitidos no projeto. Dessa maneira, é importante, no momento da escolha da plataforma, verificar se ela atende ao número de colaboradores, para não haver, posteriormente, a forçosa migração para outra plataforma ou a contratação de um plano não previsto no planejamento.

Normalmente, para empresas que têm uma grande quantidade de colaboradores e que fazem parte de um projeto, os pacotes personalizados são mais indicados. No caso de usos acadêmicos, experimentais e pessoais, a utilização das versões gratuitas é interessante, pois permitem ganhar familiaridade com a operação das funcionalidades e efetuar testes das ferramentas sem riscos. Já a contratação da versão paga é indicada apenas para os casos em que isso é essencial.

Outra característica que deve ser observada é a facilidade de acesso e de navegação da plataforma. O propósito dessas plataformas é, justamente, descomplicar a vida do gestor e da equipe, e não atrapalhá-la. Por isso, é recomendável que, antes de definir qual plataforma será utilizada, sejam feitos testes para verificar se ela oferece uma navegabilidade eficaz e um carregamento rápido, de modo a facilitar o acesso e a comunicação de todos os colaboradores da equipe.

Além disso, é importante checar se há uma versão de aplicativo para smartphones com os principais recursos encontrados na versão para desktop, proporcionando o acesso dos colaboradores em todos os lugares. Para os planos empresariais, nas versões pagas, é fundamental que a plataforma tenha um suporte sempre disponível, a fim de tirar dúvidas quanto à usabilidade da ferramenta e de auxiliar na resolução de eventuais problemas.

thinkhubstudio/Shutterstock

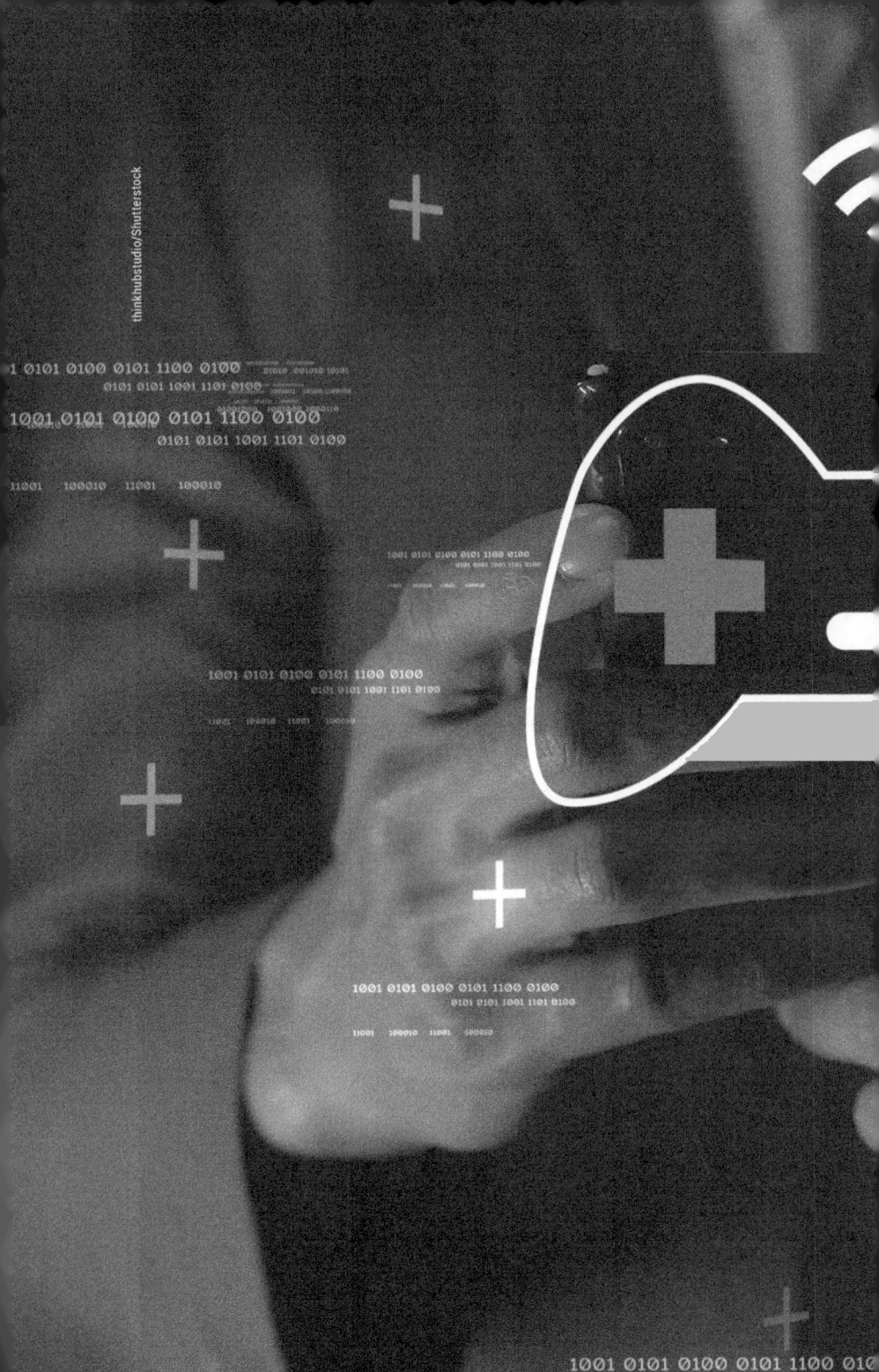

CAPÍTULO 9

USABILIDADE E ACESSIBILIDADE

No design de games e de interação, alguns fundamentos da usabilidade são considerados fatores de qualidade, sendo um deles a utilidade, ou seja, os elementos que são inseridos em uma interface precisam ser úteis, e não estar presentes apenas por questões visuais ou de estética. A **usabilidade** relaciona-se à competência de uma interface de ser utilizada com eficiência e facilidade por seus usuários ou jogadores, sendo aplicada também em produtos, não apenas em projetos digitais. Os dispositivos que visualizam as interfaces precisam ter fundamentos de usabilidade – por exemplo, smartphones, tablets etc. Bastien e Scapin (1993) apontam que a usabilidade está diretamente ligada ao diálogo na interface e à capacidade de um aplicativo permitir ao usuário que alcance suas metas de interação.

A palavra *ergonomia*, formada pelos vocábulos gregos *ergon* ("trabalho") e *nomos* ("lei"), caracteriza a ciência do trabalho, que se estende atualmente para diversos aspectos da atividade humana, pelo fato de promover uma abordagem holística e levar em consideração diversos fatores, que vão desde os organizacionais, sociais e físicos até os cognitivos e ambientais, extremamente relevantes. Em muitas ocasiões, é confundida com usabilidade, mas tem foco no uso das ciências para melhorar as condições do trabalho humano. A ideia de trabalho inclui todas as ações de indivíduos intermediadas por uma interface física, mecânica, eletrônica, nas quais são necessários acionamentos de controles, programas de computadores etc. A ergonomia relacionada aos projetos de games, no design de interação, está presente nos joysticks, que controlam os jogos de consoles e os executados nas smart TVs, e nos formatos dos dispositivos móveis, como os smartphones e tablets, que controlam diretamente os games sem a necessidade de joysticks. No contexto atual, a ergonomia se dedica a estudar a capacidade dos indivíduos de desenvolver certas tarefas de maneira confortável e prazerosa.

Nessa área, há diversas divisões, como ergonomia física, cognitiva e organizacional, de que fazem parte as organizações virtuais. Um conceito bastante significativo para os profissionais da área de design é o de ergodesign, que é a integração da ergonomia ao design. Segundo Grandjean (1998), se uma aplicação dos princípios da ergonomia for implementada ao processo de design, o resultado deverá ser um produto atrativo e amigável. Dessa forma, podemos observar a ergonomia nos diferentes modelos de joysticks, cuja principal função é proporcionar a melhor experiência de interação nos games. Moraes (2004) complementa que máquinas, equipamentos, estações e ambientes de trabalho que integram a ergonomia ao design contribuem para a qualidade de vida, aumentam o bem-estar humano e o desempenho dos produtos.

O ergodesign está presente em nosso dia a dia sem que percebamos, por exemplo, dispositivos como smartphones têm determinados tamanho e peso pensados para promover o conforto. O ergodesign busca integrar atributos humanos e dos sistemas de maneira simultânea, utilizando o conceito do desenvolvimento do design, e seus dez princípios básicos são:

1. Menor esforço do usuário.
2. Necessidade mínima de memorização do usuário.
3. Previsão de menos frustração.
4. Potencialização do uso de hábitos e padrões.
5. Tolerância máxima de diferenças humanas (no sentido de adaptabilidade).
6. Tolerância máxima de mudanças ambientais.

7. Interoperabilidade.
8. Notificação imediata de problemas.
9. Controle máximo de tarefas pelo usuário.
10. Apoio máximo às tarefas.

Como, então, são desenvolvidas as interações funcionais nos jogos? Vamos tratar sobre esse assunto a seguir.

4.1 Desenvolvimento de projetos de interação funcionais

O campo de atuação do design é muito vasto. Há diversas especializações no mercado, como o design de embalagens, produtos, gráficos, games, interação, digital, entre outros, sendo que, quando o meio é o digital, a gama de possibilidades é imensa. Embora a história do design digital caminhe paralelamente à evolução da tecnologia, sempre existe a convergência de projetos que eram desenvolvidos somente para impressão, mas estão migrando para o digital. Há também os projetos mistos, que consideram as versões física e digital de um produto. Além disso, existem ainda os projetos híbridos, que são os projetos impressos em que as funcionalidades podem ser completadas e facilitadas nas versões digitais.

Os projetos híbridos podem ter funcionalidades como esclarecimento de dúvidas sobre produtos e acesso a informações complementares. O intercâmbio do projeto impresso para o digital, muitas vezes, é feito via *QRCode* (*Quick Response Code*), código de resposta rápida, em português. Trata-se de um código que pode ser facilmente escaneado pelas câmeras dos smartphones ou tablets que têm aplicativo de leitura de *QRCode*. Esse código é convertido em texto, endereço de uma página na internet, número de telefone que pode ser inserido diretamente na agenda do usuário, número de WhatsApp, localização georeferenciada, e-mail etc.

Em outras palavras, é a possibilidade de fazer o download de um aplicativo ou game e obter diversas formas de interação que o smartphone ou tablet podem proporcionar. O *QRCode* pode estar impresso nas embalagens de produtos, cartazes, revistas ou até mesmo disponível na legenda de quadros de eventos e exposições. Para isso, é necessário apenas direcionar o leitor do dispositivo para o *QRCode*, para se obter informações adicionais. O *QRCode* pode estar presente em outras experiências digitais, como em programas de televisão, podendo ser utilizado para o telespectador acessar informações adicionais ou realizar a compra on-line do produto ou serviço desejado.

Com a evolução do design digital, há projetos que migraram totalmente para essa versão, os considerados nativos digitais, isto é, projetos que já foram desenvolvidos integralmente com ferramentas, recursos e direcionamento para serem executados em dispositivos digitais. É na categoria de nativos digitais que está o desenvolvimento de games e todos os seus projetos de interação; mesmo que a expressão *nativo digital* seja nova, os primeiros jogos, como o Atari, também podem ser considerados digitais.

Inicialmente, *jogos eletrônicos* era a denominação mais utilizada para diferenciar os games que não eram intermediados por uma interface e cuja interação se dava por meio de algum periférico, como joystick. Atualmente, com o avanço da tecnologia, o uso da expressão se tornou limitada e, também, a preocupação com a usabilidade e a acessibilidade se tornou mais crescente, portanto, o uso da expressão *digital* é mais comum e abrangente.

Considerando essas vastas possibilidades de produção no meio digital, é importante que os profissionais da área, incluindo os que trabalham com game design, além da preocupação técnica de arquitetura da informação, *front-end*, *back-end*, experiência do usuário (UI) e a interface do usuário (UI), preocupem-se com os projetos visando deixá-los funcionais. A seguir temos alguns exemplos de **projetos digitais**:

- aplicativo;
- interfaces da smart TV;
- totens espalhados em diversos ambientes;
- caixas eletrônicos;
- autosserviços;
- games.

Os games, particularmente, podem ser executados em praticamente todos os meios citados anteriormente, além dos tradicionais, como consoles e aplicativos para dispositivos móveis como smartphones e tablets. Um game pode ser executado diretamente em uma smart TV, realizando o download do jogo na loja de aplicativos específica da televisão. Esse download é executado de maneira similar ao que acontece nas lojas dos aplicativos dos smartphones e tablets do sistema operacional iOS da Apple, que tem a loja virtual Apple Store, e do sistema operacional Android da Google, que tem a loja virtual Google Play. Um game também pode ser executado em totens espalhados em diversos ambientes, que podem ser utilizados para promover uma determinada marca, por exemplo, além de resgatar uma das origens dos game, que inicialmente eram executados em máquinas fliperama.

Parece óbvio, mas todos os projetos têm a necessidade de ser funcionais, porque precisam proporcionar uma experiência agradável ao usuário e se destacar entre outros projetos. Então, quando se trata do projeto de interação de um game, para o qual existem inúmeros projetos similares, isso é ainda mais importante, pois, para serem funcionais, eles precisam se manter alinhados em relação às tendências atuais.

4.1.1 A importância do design responsivo na usabilidade

Antes de apresentar os fundamentos para a criação e estabelecer parâmetros da importância do design responsivo na usabilidade e, consequentemente, na acessibilidade, citando especificamente games desenvolvidos em HTML5, é importante que esses projetos respeitem a semântica do HTML5. O conceito de "semântica" surgiu em 2001, com a preocupação relacionada à rápida expansão, de maneira desenfreada, da internet, criado por Tim Berners-Lee, James Hendler e Ora Lassila. O crescimento da internet, consequentemente, ocasiona dispersão de boa parte da informação, a partir do que pode ser feito um paralelo com a quantidade de informação que um game pode transmitir para o jogador.

A semântica propõe, por meio de um movimento colaborativo, a organização da informação de modo legível, para que as máquinas e os computadores sigam padrões de formatação de dados como o RDF (*Resource Description Framework*). O conceito é simplesmente o de atribuir significado ao conteúdo disponível na internet, sem necessidade de se buscar informações de maneira isolada ou, por exemplo, por palavras-chave, e sim de maneira que possibilite, na *web*, a construção de respostas mais eficientes e elaboradas.

Para a interação de games mais complexos, esse conceito, que inicialmente era utilizado para a organização apenas da *web*, recebe a denominação específica de **web semântica** e pode ser facilmente aplicado. Dessa forma, é comum confundir *web semântica* com *inteligência artificial*, expressões bastante utilizadas em games nos quais há alto grau de imersão e complexidade.

Os resultados das respostas acontecem por um sistema que possibilita que o computador elabore a leitura de um bloco de informação, após o que é atribuída uma etiqueta de significado. Por meio de inferências, ou seja, após a dedução do resultado pela lógica, tendo como base a interpretação de outras informações com outros blocos, gera-se mais conhecimento. De acordo com Santarem Segundo e Coneglian (2015, p. 227): "Para o uso como tecnologia da Web Semântica, entende-se as ontologias como: artefatos computacionais que descrevem um domínio do conhecimento de forma estruturada, através de: classes, propriedades, relações, restrições, axiomas e instâncias".

Explicando melhor, o RDF tem como principal objetivo auxiliar no desenvolvimento de metadados, no intuito de promover a comunicação de modo transparente entre sistemas que compartilham dados que sejam entendidos por outros sistemas na internet, o que facilita a usabilidade de um sistema. Sendo assim, a web semântica é um facilitador para manter a qualidade e a estabilidade dos servidores *web*, tendo em vista que metadados traduzidos em RDF são utilizados para traduzir os recursos da web semântica, permitindo que sejam compreendidos e manipulados por computadores.

Nos games on-line, em razão do grande fluxo de jogadores, a estabilidade dos servidores é um fator importante, que interfere na usabilidade e na acessibilidade, pois também pode facilitar o acesso aos jogadores que não têm uma conexão com internet de alta *performance*.

É comum que se confunda RDF com linguagem de programação, mas, na realidade, trata-se de um modelo que pode representar a descrição de recursos, definido em três tipos de objetos: (i) recursos, (ii) propriedades e (iii) triplas.

Já a **linguagem XML** tem como objetivo principal o compartilhamento de informações por meio da *web* de forma simples e legível, tanto para programadores quanto para computadores. O XML também tem função de ligar bancos de dados separados e possibilitar o desenvolvimento de *tags* de maneira irrestrita. A semântica se posiciona por meio dos estudos da Ciência da Informação, Ciência da Computação e Linguística, como uma proposta para promover a recuperação, mediar e processar as informações de maneira benéfica aos usuários ou aos jogadores.

A utilização correta da semântica faz com que os navegadores e outros programas interpretem todo o conteúdo dos elementos de um aplicativo, uma página na *web* ou um game, podendo facilitar a utilização do usuário ou do jogador. Os campos de formulário do tipo e-mail do HTML5 podem, por exemplo, oferecer o @ na primeira tela do teclado virtual durante a digitação. Na prática, para que a semântica do código HTML5 funcione nos projetos de design responsivos, como os games desenvolvidos nessa linguagem, é importante a utilização dos conceitos *mobile first*, como a permissão para que os mecanismos de busca reconheçam que game está preparado para dispositivos móveis. Essa informação é de suma importância, pois impede que seja visualizada nos dispositivos móveis uma versão de um game que não esteja preparado para esse tipo de dispositivo. Em outros termos, a versão do game para desktop não é apresentada quando a busca é feita de um dispositivo móvel, elevando seus aspectos de usabilidade.

Sempre que possível, é importante ter igualdade tanto para os recursos quanto para os conteúdos dos games, tanto nas versões desktop quanto para dispositivos móveis, de forma que todos os elementos da interface sejam adaptáveis e estejam disponíveis nas duas versões. Isso é algo bastante útil, não é mesmo? Sim, porque os ajustes não podem ser automáticos! Afinal, alguns elementos, como os de interação, precisam estar proporcionalmente maiores nas versões para telas menores, a fim de facilitar a leitura textual e as interações com os usuários ou jogadores. Normalmente, são utilizados os smartphones na posição vertical e, por essa razão, os conteúdos devem estar mais verticalizados nas telas pequenas, enquanto nas versões para notebooks e desktop, que têm telas maiores, os conteúdos devem ser horizontalizados.

Viu como não é tão simples fisgar o jogador para a sua tela de jogo? Então, para obter a maior satisfação dele, é importante priorizar a interação e a visualização do jogador em relação a cada dispositivo em que será visualizado o game. Questões de acessibilidade também devem ser levadas em consideração no momento da definição dos parâmetros do design responsivo. Nesse caso, é necessário um estudo ainda mais aprofundado, para que a acessibilidade seja realmente eficaz. Para isso, recomenda-se consultar a W3C (*World Wide Web Consortium*), órgão responsável pelo estabelecimento de padrões para o desenvolvimento de páginas *web*, inclusive a web semântica, que tem diretrizes específicas de acessibilidade para dispositivos móveis.

Na aplicação dos fundamentos do design responsivo, no momento em que realmente for necessário ter o mesmo conteúdo da versão do game nos dispositivos como os desktops de tela grande, é recomendado dividir o conteúdo, mas não sobrecarregar todas as informações na tela inicial. Além de utilizar os recursos disponíveis dos dispositivos móveis como benefícios adicionais para a navegação nestes aparelhos, a experiência oferecida pode ser aprimorada. A utilização da inserção de dados (*inputs*) semânticos de HTML5 é um exemplo de recursos adicionais que podem ser aplicados quando se está navegando em um game de um dispositivo móvel. É importante salientar que, embora a cada dia os recursos da tecnologia dos dispositivos móveis avancem, eles ainda não têm a mesma capacidade de processamento e de armazenamento de computadores e notebooks e, por isso, imagens e vídeos precisam ser leves para facilitar o seu carregamento.

Até agora foram apresentados diversas técnicas, fundamentos e recomendações para aplicação de conceitos do design responsivo, citando exemplos para o design de interação de games, mas não existe uma diretriz determinada para tal. Os projetos não devem seguir uma mecânica de desenvolvimento, sendo importante levar em consideração a natureza de cada projeto e executar todas as adaptações que sejam necessárias ou, até mesmo, adicionar técnicas complementares.

4.2 Usabilidade nos games

Sabemos que as diretrizes de usabilidade da interação dos games desenvolvidos nativamente para os sistemas operacionais iOS e Android estão disponíveis em suas plataformas oficiais. Porém, no caso dos games desenvolvidos em HTML5, isso não acontece, pois, para as interfaces facilitarem a usabilidade dos jogadores, elas devem atender a critérios que facilitem o seu aprendizado, a eficiência do uso, a memorização dos passos que foram percorridos com poucos erros e, logicamente, a satisfação, cujos parâmetros são subjetivos.

Nos jogos em que existem diferentes níveis de imersão, o design de games, nos quais a interação existe, preocupa-se com a usabilidade, proporcionando ao jogador que se recorde facilmente de um caminho já percorrido anteriormente. Nesse sentido, Nielsen e Molich (1990) identificam alguns parâmetros e os denominam *heurísticas de usabilidade*:

- visibilidade do *status* do sistema;
- linguagem familiar ao usuário;
- controle do usuário;
- consistência;
- prevenção de erros;
- memorização mínima;
- uso eficiente e flexível;
- projeto minimalista, simples;
- boas mensagens de erro;
- ajuda e documentação.

A usabilidade deve ser considerada desde o início do projeto, no momento do desenvolvimento do layout da interface, observando e relacionando quais serão as interações entre o jogador e a interface do game, além de como serão acionadas as interações feitas por meio dos botões, diretamente nos dispositivos móveis ou por meio de outros controles como joystick. Para facilitar a usabilidade nos games desenvolvidos em HTML5, é preciso conhecer como se dão as comunicações da interface com o jogador, sabendo o motivo e o modo como são feitas essas interações. Para propor uma boa usabilidade, é importante compreender as necessidades dos jogadores, pois, dessa forma, as técnicas de usabilidade serão utilizadas como ferramentas que melhoram a percepção positiva do jogador em relação ao game que está jogando.

Nos projetos de design de games especificamente para dispositivos móveis, a usabilidade deve ser pensada à luz da ergonomia dos diversos dispositivos nos quais serão executados, que normalmente são smartphones e tablets. Sendo assim, deve-se avaliar que existem diversos modelos de tablets e de smartphones, com formatos, pesos, capacidades e velocidades diferentes. Em projetos que podem ser executados por notebooks e desktops, é preciso considerar os vários formatos de tamanhos de telas e as possibilidades de visualização em smart TVs, o que aumenta ainda mais a gama de possibilidades. Todas essas informações devem ser incluídas no momento da concepção do layout da interface.

Para o desenvolvimento do design de interação, a usabilidade deve levar em consideração tanto os dispositivos quanto as particularidades dos sistemas operacionais, como Android, iOS e Windows Phone, que disponibilizam informações a fim de evitar erros de usabilidade dos aplicativos ou games que serão visualizados em suas plataformas. Para facilitar a usabilidade no design de interação, no layout, que tem diversas funções, desde questões estéticas até as mínimas preocupações de uso e função, os parâmetros de usabilidade devem ser considerados.

Outro item importante é a aplicação do estudo da UI e da UX, que devem fazer parte dos projetos de design de games. A união dos conceitos de UI e UX, que se preocupam com o que é mostrado ao jogador e com a maneira como será feita a interação, também é conhecida como *ergodesign*. Como já mencionamos anteriormente, trata-se de um campo interdisciplinar, intimamente ligado às interfaces de sistemas tecnológicos, que visa tornar as interfaces mais fáceis e as informações mais acessíveis (Agner, 2009).

É nítido que a integração desses estudos nos projetos de design de games só gera benefícios ao jogador, principalmente em razão da popularização de games, que gerou um grande número de games disponíveis na *web* e nas lojas dos sistemas operacionais. Constatou-se simplesmente que a aplicação do design de interação não era suficiente, razão por que o conceito de usabilidade tornou-se importante nos projetos de design games. Para Jordan (1998, p. 56, tradução nossa), usabilidade é um produto que atinge alguns princípios, como:

- Consistência, em que ações parecidas devem ser realizadas de maneira parecida;
- Compatibilidade, ao serem atendidas as expectativas que o usuário possui com base em experiências anteriores;
- Capacidade, quando se diz respeito às limitações do usuário, entrando em pauta a questão da acessibilidade;

- *Feedback*, para que o usuário saiba sempre a reposta que o sistema entrega para cada ação realizada;
- Prevenção, impedindo que o usuário realize algum procedimento errado que afete o sistema ou a ele mesmo;
- Controle, garantindo que o usuário tenha sempre em mãos o comando sobre o sistema, evitando possíveis frustrações e abandono. (Jordan, 1998, p. 56, tradução nossa)

No design de games, os jogadores acessam os games conforme a identidade visual do sistema operacional do smartphones, como já citamos anteriormente: Android, da Google; iOS, da Apple; e Windows Phone, da Microsoft. Para se obter boa usabilidade de um game, é importante que se tenha versões para cada sistema operacional.

Mas, para projetos de games em HTML5 que serão visualizados em navegadores, quase não existe incompatibilidade de visualização da interface. Os principais navegadores têm suas particularidades e, em certos projetos, talvez elas sejam relevantes, se o jogador estiver executando o game por meio de um navegador específico. Os principais navegadores são:

- Mozilla Firefox;
- Google Chrome;
- Opera;
- Microsoft Edge;
- Safari;
- Vivaldi;
- Maxthon;
- Brave.

Os navegadores Google Chrome, Mozilla Firefox e o Safari são os mais populares. Durante o desenvolvimento dos games, mesmo os desenvolvidos em HTML5, recomenda-se que sejam testados nesses navegadores para se verificar sua usabilidade, principalmente considerando a UI e a UX.

4.3 Acessibilidade

A acessibilidade de produtos digitais – por exemplo, de games – relaciona-se a procedimentos que devem ser adotados para não dificultar a navegação nos projetos de design digital, permitindo a todos que tenham a experiência de utilizá-los. As normas de acessibilidade da W3C – consórcio internacional que procura padronizar a web e que pode ser aplicado nos games, principalmente naqueles desenvolvidos em HTML5 – determina que todas as pessoas tenham as mesmas condições de poder entender e navegar de forma totalmente autônoma para terem acesso a serviços, sites e games disponíveis na web.

Para propor acessibilidade, algumas ferramentas básicas devem estar previstas nos projetos, principalmente nos games desenvolvidos em HTML5, como o recurso que permite aumentar o tamanho dos textos e, se possível, ferramentas que também fazem a leitura das informações por áudio.

As ferramentas de acessibilidade, também conhecidas como *tecnologia assistiva*, viabilizam o acesso às pessoas idosas ou com deficiência e mobilidade reduzida, como programas leitores de tela, ampliadores de tela, teclados alternativos etc. Para um projeto de design digital ser acessível, é necessário que todas as pessoas, sem nenhuma distinção, possam ter acesso total às suas funcionalidades.

Para games disponíveis em uma loja de aplicativos, ao executar o download, dificilmente os jogadores, como primeira ação, procurarão manuais, orientações e mapas de navegação. Ao contrário, eles costumam inicializar o game por intuição; não procuram mais informações, sequer pensam em como será esse processo. No design de games, é importante utilizar as técnicas do design intuitivo, que buscam tornar a experiência dos usuários com as interfaces naturais, diretas e instantâneas tanto quanto for possível. Na prática, devemos adequar a interface dos projetos às expectativas dos jogadores quanto à interação com a interface.

A utilização da técnica de *breadcrumbs*, conhecida também como *navegação estrutural*, facilita a intuição do usuário ou jogador, pelo fato de orientar e de informar qual é a sua localização de navegação. Os *breadcrumbs* podem ser organizados de diversas maneiras, uma delas é por meio de cores, apresentando a real localização do usuário ou do jogador no projeto ou na fase do game. Por exemplo, em um aplicativo corporativo desenvolvido em HTML5, para chegar à página do *Quem Somos* da empresa, o usuário, primeiramente, acessa a tela inicial; em seguida, a tela *Empresa*; e, por último, a tela *Quem Somos*. Tal processo pode ser indicado da seguinte maneira: Inicial > Empresa > Quem Somos.

Nos games desenvolvidos em HTML5, principalmente naqueles em que serão utilizadas as técnicas de design responsivo, é importante ter a preocupação com a acessibilidade. Todos os elementos do layout podem tornar um projeto mais acessível ou não, desde a utilização das cores até o planejamento das interações.

Embora as cores sejam um elemento importante, é preciso tomar cuidado para não utilizar apenas uma para transmitir uma informação. As pessoas com baixa visão e daltônicos têm quase nenhuma ou pouca capacidade de distinção de cores, razão por que as cores não podem ser o principal elemento para passar uma determinada informação. Elas devem ser utilizadas como um reforço para mensagens, mas não podem ser determinantes, por exemplo, aplicar a cor vermelha nas letras de uma frase que informam erro. Também não é indicado utilizá-las para determinar um *status* ou ter valor como uma legenda, como utilizar o verde para indicar que um pedido foi concluído, mas sem nenhum texto informando o *status* ou com valor de legenda.

Para as imagens de um projeto de design de games desenvolvidos em HTML5 serem consideradas acessíveis, recomenda-se utilizar uma parte textual como alternativa, principalmente para os momentos em que acontecem erros de carregamento de uma imagem e essa alternativa de texto é apresentada. Para aplicar esse recurso no HTML5, basta utilizar a codificação com atributo *alt* da *tag* do elemento, como o exemplo apresentado a seguir:

```
<img
src="https://www.uninter.com/wp-content/themes/scalia/
images/uninter/logo-uninter.png"
width="1000" height="500"
alt="Ícone Uninter"
/>
```

Nesse exemplo, a linha 1 indica, por meio do código <img, que será inserida uma imagem. Na linha 2, o *src=* indica onde essa imagem está hospedada, no caso, no site da Uninter. A linha 3 indica as dimensões dessa imagem, que tem 1000 pixels de largura por 500 pixel de altura. A linha 4 apresenta as informações do texto alternativo, que será apresentado caso a imagem não seja carregada. A linha 5 informa o fechamento dessa *tag* por meio do código />.

4.3.1 Acessibilidade nos games desenvolvidos em HTML5

Além de apresentar imagens, é importante que os formulários sejam acessíveis. Para isso, é importante relacionar o rótulo, *tag label*, com o atributo *id* dos elementos *input*, ou seja, onde será inserido o agrupamento dos campos do formulário usando os elementos *fieldset* e *legend*, facilitando o reconhecimento do contexto desses campos.

Os títulos das páginas devem ser apropriados e não podem estar em branco ou utilizando nomes padrão, como <title>Untitled Document</title>, pois o primeiro elemento que um software lê é o nome que está identificado na *tag title*. O uso de um título inadequado pode fazer com que os jogadores não tenham ideia do conteúdo que será apresentado posteriormente, sendo esse um aspecto negativo para sua experiência. A seguir, vemos um exemplo correto de identificação de um título:

```
<head>
<title>Game desenvolvido por alunos da UNINTER</title>
</head>
```

Nessa codificação, a linha de número 1 indica o início do cabeçalho de uma página por meio do código <head>. A linha 2 traz a identificação do título da página, por meio do código <title>, e o texto que é apresentado para o título da página é *Game* desenvolvido por alunos da UNINTER. Na linha 3, está a indicação do fim do cabeçalho, representado pelo código </head>. Além do título, outra informação importante de acessibilidade é a identificação do idioma, que deve ser feita com o atributo *lang* na *tag html*. pt-br corresponde ao português do Brasil, como apresentado neste exemplo: <html lang="pt-br">.

Sempre que em uma página houver palavras em diferentes idiomas, será imprescindível a criação de uma *tag* para esse termo, utilizando o atributo *lang* para identificar o idioma, pois qualquer elemento HTML aceita a *tag lang*. Na prática, em projetos de design responsivo e acessível, quando o jogador utiliza um sintetizador de um software de leitura de página, a pronúncia é configurada no idioma adequado. A aplicação da *tag lang* facilita o entendimento do jogador que está ouvindo a pronúncia e promove a acessibilidade de pessoas cegas.

Nos projetos de games desenvolvidos em HTML5, é importante atentar para a função de aberturas de novas janelas, pois este pode ser fator para que os usuários ou jogadores se percam na navegação. Quando se está executando o game em um notebook ou computador, esse recurso já é confuso; então, em um dispositivo móvel, a chance é que seja ainda mais. Esse procedimento é indicado quando se abre uma página de um *link* externo, mas é importante informar ao usuário ou jogador que será aberta uma nova página, para evitar confusões na navegação e não dificultar a identificação para o retorno para a página anterior. Algumas soluções simples, como utilizar um ícone com o atributo *alt* preenchido ou um simples texto indicando que uma nova janela será aberta, podem colaborar para que o usuário não fique confuso durante uma navegação. Vejamos, a seguir, um exemplo da aplicação desse código em uma página:

```
<body>
<a href="https://www.uninter.com/graduacao-ead/"
target="_blank">
Graduação Uninter </a>
</body>
```

Nesse código, a linha 1 indica que é o início do corpo de uma página em HTML5, indicado pelo código <body>. A linha 2 indica o destino para o qual será redirecionada ao clicar no botão, que, no caso, é para a página <https://www.uninter.com/graduacao-ead>. A linha 3 indica que a página será aberta em uma nova janela, utilizando-se o código *target*, o qual indica o destino no qual será aberto o *link*, e o código *_blank*, que informa que será em uma nova janela. Na linha 4 está o texto do *link*, que, no caso, é Graduação Uninter. O código </body> da linha 5 indica que nesse ponto encerra o corpo da página, utilizando a linguagem de programação HTML5.

O uso correto da **semântica** em projetos de design de interação é importante por tornar mais acessível e dar significado a todo o conteúdo de uma interface, além de facilitar o uso de atalhos para navegar nas seções de determinado game por meio de códigos que devem ser inseridos no HTML5. Esses atalhos promovem maior acessibilidade.

Vejamos um exemplo para contextualizar: uma tabela que pode ser acessada por comando de voz; um atalho utilizando a tecla T; o uso da tecla F para formulários; e diversos outros atalhos que podem ser configurados. Podem-se aplicar atalhos para o cabeçalho, configurando a tecla H para exercer essa função. Por exemplo, é possível permitir o direcionamento para pontos importantes da interface de um game. Como podemos perceber, o uso correto da semântica é muito importante para promover a acessibilidade em diversos projetos de design digital, especificamente de game design direcionado para interação com o jogador.

A execução de balizamento para uma navegação pelas seções de um *game* desenvolvido em HTML5, utilizando *landmarks* para marcar as áreas principais da interface com o atributo *role*, permite criar marcos ou fazer balizamento. Esse é outro recurso importante que deve ser considerado para projetos acessíveis e responsivos e é importante também que as tabelas sejam simplificadas, pois a leitura de tabelas extensas pode ser uma tarefa difícil, principalmente para jogadores que precisam utilizar projetos com acessibilidade. Para evitar erros, pode-se utilizar a validação da marcação HTML, submetendo o código HTML na W3C, no site: <http://validator.w3.org/>. Nele, é possível identificar pequenos erros que podem comprometer a acessibilidade de um projeto. Kulpa, Teixeira e Silva (2010) apontam outros oitos cuidados:

1. **Conteúdo da interface com o mínimo possível de informações** – Muita informação em uma mesma interface confunde o usuário ou jogador e acarreta demora na busca de informações.
2. **Conteúdo da interface em coluna organizada e bem definida** – Evitar a apresentação de conteúdo de forma solta na interface é importante para definir graficamente a área de cada seção, o que

impede que o usuário sinta-se inseguro e auxilia a assimilação do conteúdo.

3. **Indicação do menu principal de forma destacada e com alto contraste** – Agiliza a busca de informações, facilitando a opção de navegação ao usuário ou ao jogador apenas a partir do menu principal.
4. **Ampliação da tela sem a diminuição da qualidade** – Deve-se prever a utilização de ampliação pelos usuários ou jogadores de baixa visão, oferecendo adequação de imagens e evitando que os textos ampliados necessitem de barra horizontal para a leitura.
5. **Interface sem imagens em movimento** – Imagens em movimento atrapalham a leitura e cansam a visão de usuários de baixa visão.
6. **Maior espaço nas entreletras, quando ampliadas** – Evitar que as letras das palavras se unam, transformando-se em blocos compactos quando ampliadas.
7. **Alto contraste entre o fundo e o texto** – Indispensável para uma melhor leitura do texto.
8. **Poucas cores em uma mesma tela** – Muitas cores na interface resultam na dificuldade de assimilação do conteúdo e torna lenta a adaptação visual de usuários ou jogadores de baixa visão.

Outras observações podem ser encontradas nos materiais da W3C, que oferecem diretrizes de acessibilidade detalhadas para a criação de *websites* que podem ser aplicados nos games desenvolvidos em HTML5. Esses materiais estão disponíveis nos seguintes *links*:
» https://www.w3.org/WAI/standards-guidelines/wcag/
» https://www.w3.org/TR/UAAG20/
» https://www.w3.org/TR/ATAG20/

4.4 Acessibilidade e padronização dos códigos de games em HTML5

O HTML5 permite a padronização da linguagem para que seja visualizada em diferentes navegadores sem que apareçam erros, sendo uma das vantagens do desenvolvimento de games nessa linguagem. Para formatar a interface de uma tela, existem inúmeras possibilidades de alteração das características de um elemento como texto e chegar ao mesmo resultado utilizando HTML e CSS. Um exemplo prático é a formatação da cor de um texto, que pode ser definida simplesmente informando a cor, como *red* – vermelho, com os valores hexadecimais ou com a composição no modo de cor RGB. A aplicação de boas práticas na codificação, conforme a W3C, facilita o trabalho do desenvolvedor e, além de proporcionar consistência de código e nos estilos, otimiza o tempo e evita problemas de visualização, tornando o carregamento de tela e as interações mais rápidas. Com um código mais simples, o navegador lê mais rápido as informações e torna menos complexas as tarefas de inserção de informações ou de manutenção de um game.

Para aplicar as boas práticas na codificação, deve-se partir do princípio de que o arquivo HTML tem a função simples de marcar e definir a estrutura de elementos que compõem a tela. Essa marcação delimita o objetivo de assegurar a identidade visual da interface, além de definir a posição dos elementos no arquivo HTML e, por isso, é necessário ter as informações de cabeçalho, parágrafos e listas.

Embora seja possível definir toda a formatação diretamente no arquivo HTML, o aumento da quantidade de linhas de códigos deixa-o muito longo. Por isso, recomenda-se que essas formatações estejam presentes nas folhas de estilo, que são os arquivos de formatação de CSS. Eles são separados em bloco de notas e terão somente as linhas de códigos de uma formatação ou estilo específico. Assim, no código HTML, basta indicar o momento em que devem ser usados esses estilos formatados que estão inseridos nos blocos de notas, também conhecidos como *folhas de estilos*.

Os estilos de formatações podem ser aplicados na mesma tela de um game inúmeras vezes. Caso a formatação seja feita em HTML, a cada vez que aparecer o texto que precisa seguir esse padrão, o desenvolvedor precisará digitar todos os códigos, ocasionando uma tela com uma grande quantidade de informações de códigos. Além de esse procedimento demandar mais tempo, torna a leitura de tela nos navegadores mais lenta. Entretanto, utilizando as folhas de estilo, o navegador e o computador, ou outro dispositivo usado para visualizar o game, carrega somente uma vez a folha de estilo. Toda vez que for necessário, o navegador apresentará a formatação de um texto com a mesma característica, consequentemente, a tela carregará mais rápido, pois essas informações dos estilos já estarão armazenadas na memória do computador ou dispositivo.

Outras aplicações de boas práticas na codificação de estruturação de HTML também são indicadas para propor uma boa usabilidade, como utilizar o elemento <p> para parágrafos em vez de utilizar duas vezes o <br>. No caso de listas, indica-se que elas sejam representadas pelos elementos <ul> ou <ol>, e não pelo conjunto de <p> (parágrafo). Também não é indicado utilizar o atributo *size*, pelo fato de ser relativo ao tamanho da fonte. No lugar desse, é aconselhável utilizar a propriedade *width* do CSS.

4.5 Experiência do usuário (UX) e interface do usuário (UI)

O termo *UX* (*User Experience*) – em português, experiência do usuário – diz respeito à própria experiência de uma pessoa em utilizar um dispositivo, sistema, aplicativo ou game, por exemplo. Já a terminologia *UI* (*User Interface*) – em português, interface do usuário – relaciona o modo como a pessoa ou jogador alcançará essa experiência. Assim como a UX, a UI preocupa-se com a experiência do usuário, lidando com as emoções e com a forma com que a pessoa se relaciona com o serviço ou produto.

O objetivo da UX é fazer com que a utilização de um produto, serviço ou game seja simples e natural e o mais amigável possível (*user-friendly*). Dessa maneira, ao desenvolver um projeto de design digital de um game, é preciso compreender como as pessoas ou os jogadores se comportam e estudar especificamente o padrão de comportamento do público que vai utilizar o projeto a ser desenvolvido. Assim, o projeto é concebido de modo que o produto ou serviço não cause nenhuma frustração, e sim satisfação ao usuário ou ao jogador, e faça-o utilizar várias vezes o serviço, produto ou game, tudo isso proporcionado pela experiência agradável na sua utilização e interação.

A UI tem atributos mais técnicos, pois está ligada ao planejamento e à criação do ambiente que o usuário/jogador controla, englobando toda a estratégia de design e desenvolvimento de um produto, como usabilidade, conteúdo, interação e arquitetura de informação. Está ligada também ao estudo de como o usuário executa as interações do produto, serviço ou game, que pode estar em diversos dispositivos em projetos digitais como smartphones, tablets, smart TV, caixas eletrônicos, equipamentos de localização de lojas em *shoppings* etc., como já mencionamos anteriormente.

O usuário/jogador interage com esses dispositivos por meio de aplicativos, softwares, sistemas que têm interface com elementos gráficos com menus, botões, imagens e ilustrações, e em seu desenvolvimento deve haver a preocupação em relação à UX e à UI. O profissional que desenvolve essa interface é o designer digital, especificamente o game designer, que precisa conhecer várias áreas para conceber um projeto, uma das quais é a arquitetura da informação. O profissional também precisa conhecer bem o usuário ou o jogador, para poder antecipar as reais necessidades de utilização ou de uma jogada, a fim de que seja fácil a compreensão e o usuário ou o jogador consiga executar o que pode, quer e espera.

> O ser humano se dá como satisfeito toda vez que consegue realizar uma tarefa que lhe é necessária, seja no âmbito do trabalho, em que ela pode ser considerada obrigatória, seja para seu lazer.

Essa frase nos transmite a sensação de dever cumprido, expressa o resultado de satisfação e felicidade. As técnicas de UX e UI, quando aplicadas ao design de interação, tornam o game mais amigável e entendível para o jogador, ajudando-o a cumprir a tarefa necessária.

Para o jogador ter uma boa experiência de utilização da interface de um game, a velocidade é fundamental em vários sentidos. No caso de games *mobile*, a velocidade deve ser rápida, desde o momento de executar o download em um smartphone até as interações do game com o jogador. Nos games desenvolvidos em HTML5, a navegação precisa ser ágil e com resposta rápida.

Telas que demoram para carregar podem tornar o game inacessível e tendem a ter altas taxas de rejeição e desistência por parte dos jogadores. Não adianta se preocupar em ter uma interface atrativa, com vários recursos de animações, vídeos e banners, se causar insatisfação no jogador por causa da velocidade.

No momento do desenvolvimento dos projetos de design de interação, deve-se procurar equilíbrio entre telas que sejam dinâmicas e que tenham resposta rápida, pois nenhum jogador gosta de executar um comando e ficar aguardando ou, pior, ter de lidar com o travamento da tela. Já a qualidade lógica se refere à arquitetura de informação (AI), que estuda a forma de organizar as informações de uma interface para facilitar a compreensão do usuário ou jogador.

4.5.1 Arquitetura de informação e noções de UX e UI

Em nosso cotidiano, deparamo-nos com grande quantidade de informação. No entanto, a arquitetura da informação (*Architecture Information*) fica mais evidente quando usamos aplicativos, sites ou games. Também conhecida simplesmente pela sigla AI, essa área estuda o modo de organizar as informações de uma interface de forma a facilitar a compreensão do usuário ou jogador. Em um projeto de design de interação, o momento do planejamento da arquitetura da informação é bem objetivo, e, para iniciar o planejamento, noções de UX e UI são fundamentais. Segundo Garrett (2003), o processo de experiência com o usuário é constituído de cinco camadas cujas sobreposições vão de um nível mais abstrato para o mais concreto. São elas:

1. Estratégia: diz respeito ao que esperamos para o produto (*website*, sistema, aplicativo, *game*), não apenas aquilo que queremos, mas o que os usuários ou jogadores desejam.
2. Escopo: levantamento de requisitos e especificações de funcionalidades e qualidades que o produto deve ter, e como o projeto será conduzido.
3. Estrutura: como o conteúdo deverá ser organizado? O que é menos e o que é mais importante a ser exibido e encontrado pelos usuários ou jogadores? Como encaixar isso nas capacidades e limitações técnicas, mercadológicas e de usabilidade do produto?
4. Esqueleto: é o momento em que se desenha a organização dos elementos que constituirão a interface, os seus componentes — inclusive pensando quais os tipos de componentes mais adequados para exibir as informações e habilitar funcionalidades para os usuários.
5. Superfície: é a interface final, aquilo que o consumidor, cliente, usuário ou jogador terá diante de si, e com a qual vai interagir. (Garrett, 2003, p. 27, tradução nossa)

Fica evidente a percepção de que o planejamento de arquitetura da informação está intimamente ligado à UX. Dessa maneira, existem muitas características emocionais, consideradas abstratas, que devem ser levadas em consideração antes mesmo de se iniciar a concepção de uma interface de um game. São esses aspectos que demandam mais tempo no planejamento de um projeto, pois é preciso ter certeza de que este está funcionando.

A arquitetura da informação se responsabiliza por aspectos mais técnicos, por exemplo, se o projeto tem boa navegação e responde conforme as solicitações que o usuário/jogador interage por meio da interface. Nessa etapa, o design utiliza recursos e técnicas para a construção da arquitetura da informação com HTML5, que será utilizado na construção de aplicativo, sistema, website, game etc.

Com os avanços constantes da tecnologia, que, na maioria das vezes, é absorvida mais rapidamente pela sociedade digital do que pelas próprias empresas, é importante que os departamentos de marketing e digital estejam sempre antenados e em sintonia com as constantes inovações.

Também deve-se considerar o perfil do novo consumidor ou jogador, cuja principal característica, no momento de decidir uma compra, é analisar fatores que anteriormente passavam despercebidos, tais como: pesquisar previamente sobre a reputação da empresa que fornece o serviço ou desenvolve o produto; informar-se sobre como ela se comporta na sociedade; se ela se envolve com causas ambientais e sociais; se o processo da fabricação do produto ou da prestação do serviço mantém práticas sustentáveis. Um dos motivos de mudança do comportamento desse novo consumidor é o fácil acesso à internet, que proporciona grande quantidade de informações de forma rápida, facilitadas pela interface do usuário.

As interfaces desenvolvidas pelos profissionais de design de games precisam contemplar a criatividade aliada às estratégias de marketing, com o objetivo de tornar o comportamento do consumidor digital favorável à aquisição do produto, serviço ou game ofertado. O novo consumidor é mais exigente, pois, ao encontrar quaisquer dificuldades ou insegurança, em questão de segundos ele busca alternativas de produtos e encontra facilmente os concorrentes.

É necessário entender o comportamento do consumidor digital e como são executadas suas ações quando estão na internet, sendo de importância fundamental para o departamento de marketing coletar informações e transmiti-las para os profissionais de design de games. Por isso, é preciso desenvolver aplicativos, sites e games bem atrativos, que atraiam os consumidores a navegar ou jogar e continuar o máximo de tempo, resultando em uma boa experiência e, consequentemente, na aquisição do serviço, produto ou game da empresa.

Enfim, o uso das tecnologias digitais possibilita novas maneiras de o consumidor se relacionar com as empresas, com seus produtos, serviços ou games. Sendo assim, dependendo dos serviços prestados, ele pode experimentar e até interagir antes mesmos de adquirir o game.

[DATA 004]

CAPÍTULO 5

INTERATIVIDADE

A interatividade está bastante presente na vida das pessoas. Ao analisar o cotidiano do ser humano, é possível concluir que existem diversos produtos interativos, como smartphones, computadores, notebooks e controles remotos.

Também são consideradas produtos interativos as máquinas de refrigerantes, denominadas *autosserviço*, em que não existe a necessidade de uma pessoa executar a venda de um produto – sendo esta efetuada diretamente por meio de uma máquina.

Caixas eletrônicos, cafeteiras, sistemas informatizados de bibliotecas, fotocopiadoras, relógio – que atualmente são chamados de *relógio* ou *pulseira inteligente,* porque executam diversas outras funções além de informar a hora – são outros exemplos de produtos em que há interatividade. Assim, são inúmeras as possibilidades de se executar um game por meio de dispositivos como smartphones, tablets e smart TV.

A **interatividade** é aplicada pelos profissionais de design de interação e tem a função de desenvolver experiências com o objetivo de melhorar e entender o modo como os indivíduos trabalham, comunicam-se e interagem. Winograd (1997) conceitua *interatividade* como o projeto de espaços para comunicação e interação humana. Assim, considera-se que sua função é buscar soluções para proporcionar suporte aos indivíduos. Para compreender a interatividade, é importante envolver várias disciplinas a fim de buscar relacionar a ação dos usuários ou jogadores às situações e, com isso, observar a comunicação e a interação entre eles. Esses estudos incluem profissionais como sociólogos e psicólogos.

É importante entender como os usuários e os jogadores interagem, mas também desenvolver produtos e mídias com interatividade que sejam eficientes e proporcionem experiências prazerosas no momento da interatividade. Dessa maneira, profissionais técnicos são importantes para construção de produtos de design de interação, por exemplo: artistas, designers gráficos, animadores, fotógrafos, designers de produtos, especialistas de cinema, entre outros.

Para entender a interatividade, o design de interação e as inúmeras possibilidades de interação que podem ser proporcionadas pelos games, é importante conhecer, mesmo que brevemente, a história da interatividade e do design de interação. Nos primeiros projetos, os sistemas de hardwares eram criados pelos próprios engenheiros que os utilizavam, e a interface era considerada direta, porque reunia vários painéis com chaves e mostradores que permitiam o controle de um conjunto de registros internos. Com o surgimento dos monitores que recebem a denominação técnica de *VDUs* (*Visual Display Units*) e as estações de trabalho pessoais, no final da década de 1970 e início da década 1980, o conceito de design da interface teve início.

Nas primeiras interfaces, um dos principais desafios era criar sistemas que fossem de fácil acesso e utilização não só pelos engenheiros que os projetaram, mas para que outras pessoas pudessem realizar operações como digitar documentos, gerenciar contas bancárias etc. Para tornar essa ideia viável, uma força tarefa com vários especialistas foi criada, entre eles: psicólogos e cientistas da computação, que estudaram e analisaram maneiras para desenvolver interfaces de usuários; engenheiros e cientistas de softwares, que também fizeram grandes contribuições. Por meio do uso da programação de linguagens considerada de alto nível na época, como Prolog e Basic, métodos de desenvolvimento de software, arquiteturas de sistemas e linguagens com base em comando (*command-based languages*) auxiliaram nas tarefas relacionadas à interface e à interatividade do usuário.

Os profissionais técnicos eram os responsáveis por propor soluções para as áreas dos sistemas, enquanto os psicólogos muniam de informações esses profissionais em relação às capacidades dos indivíduos, por exemplo, de memorizar dados que são visualizados nas interfaces e o modo como as pessoas tomam decisões, entre outras informações. Inicialmente, os recursos oferecidos pela tecnologia eram um conjunto de teclados interativos com painéis visuais, em que se originaram as pesquisas relacionadas ao GUI (*Graphical User Interface*), em português, desenvolvimento de interfaces gráficas.

O primeiro foco de desenvolvimento dessas interfaces foram os sistemas de automação de escritórios, o que resultou no crescimento das pesquisas sobre design de produtos, ainda não considerado digital. Essas pesquisas resultaram em interatividade por meio de janelas, ícones, menus, paletas das interfaces e possibilitaram a verificação de como essa interatividade ocorria em cada um desses meios, a fim de que fossem estruturados de uma melhor maneira na GUI (*Graphical User Interface*).

Em meados da década de 1980, as inovações tecnológicas, como multimídia, sistemas de reconhecimento virtual e início da realidade virtual, geraram novas oportunidades para criação de interfaces com interatividade, com objetivo de facilitar o acesso das pessoas a essas tecnologias. As áreas de treinamento e educação foram as que tiveram maior atenção na aplicação dessas técnicas, principalmente na construção de ambiente de aprendizagem com interação. Além dos tradicionais programas educacionais, foi nessa época que os primeiros simuladores para treinamento foram criados, por exemplo, os de voos. No Brasil, existem simuladores para o aprendizado dos futuros condutores de veículos.

Na década de 1990, a interatividade teve de se reinventar em razão das novas tecnologias que surgiram, principalmente as relacionadas aos dispositivos móveis e às possibilidades de sensores infravermelhos, que trouxeram grande variedades de desenvolvimento de interfaces. A interatividade passou a assumir o papel de facilitar as diversas relações dos indivíduos nas suas tarefas: em casa, no trabalho, no lazer, com interatividade individual, diretamente com os sistemas ou com os amigos e a família. Todas essas possibilidades abriram oportunidades para a criação de interfaces com interatividade por meio de aplicativos e outras soluções, no caso específico do lazer, o desenvolvimento de games *mobile* se destacou. Mas, para se tornar viável, várias tecnologias precisaram ser integradas para suprir as necessidades das novas maneiras de se comunicar, aprender, trabalhar e, até mesmo, viver.

Em relação às novas maneiras do aprendizado, a interatividade acontece pelo ensino a distância (EAD). Sobre as novas maneiras de se trabalhar, são exemplos os sistemas para o trabalho em casa, *home office*. Pulando para os anos de 2020, na situação da Covid-19, o *home office* se tornou a solução em praticamente todo o mundo para os profissionais com acesso à internet, razão por que foi necessário pensar como ocorre a interatividade quando se trabalha em casa. A interatividade do *home office* não é apenas em relação ao escritório, a como os gestores se comunicam e interagem com a sua equipe, mas também preocupa-se em estabelecer a comunicação com o público final. Nesse sentido, mais uma vez a interatividade teve de ser reinventada.

Voltando na linha do tempo, ainda na metade da década de 1990, várias empresas perceberam que seria preciso uma expansão de equipes polivalentes e multidisciplinares de design em que fossem inclusos profissionais com conhecimento e treinamento de design e mídia. Assim, profissionais como os de design industrial, gráficos especializados em produção e desenvolvimento de narrativas, sociólogos, antropólogos e dramaturgos foram considerados para fazer parte das equipes, em razão de apresentarem atitudes diferentes em relação às de outros profissionais no que diz respeito à interação humana. Esses grupos de profissionais podem facilitar a união de habilidades por meio da compreensão das diferentes áreas em que podem ser aplicados conceitos com o objetivo de projetar a nova geração de sistemas interativos. Um exemplo prático seria o projeto da interatividade de um aplicativo de recados para uma família, no qual é preciso conhecer como os membros se comunicam e interagem entre si.

5.1 Interatividade e a cultura da convergência

Acredita-se que o termo *convergência* tenha sido utilizado pela primeira vez em mídias digitais no ano de 1979, pelo professor do Massachusetts Institute of Technology, Nicholas Negroponte. Ele organizou uma série de palestras para arrecadar fundos para a sua pesquisa. Nelas, apresentou a convergência como a expressão utilizada para mostrar que a então tímida interseção entre os três principais ramos da comunicação e informação se tornaria, até o ano 2000, uma tendência dominante. Por conta da fusão tanto de empresas quanto de linguagens, não seria mais possível lidar com cada área em separado (Fidler, 1997), conforme apresentado na figura a seguir.

Figura 5.1 – **Exemplo de convergência no ramo da comunicação**

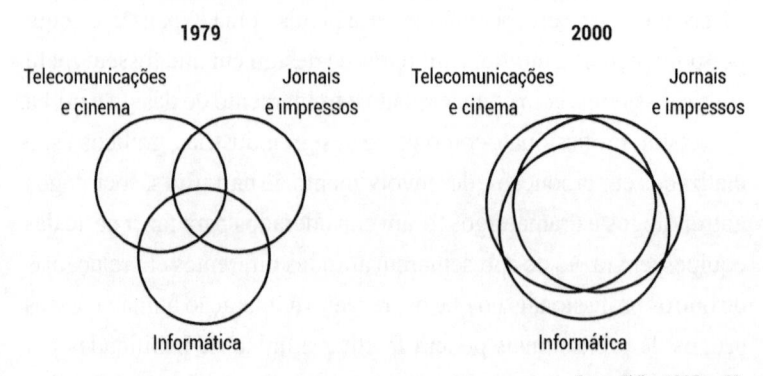

```
        1979                              2000
Telecomunicações    Jornais       Telecomunicações    Jornais
   e cinema      e impressos         e cinema       e impressos


       Informática                       Informática
```

Fonte: Fidler, 1997, p. 25.

A expressão *convergência* é utilizada para definir diversas situações pelos profissionais que trabalham com interatividade praticamente desde o surgimento dos primeiros projetos digitais. Com a publicação do livro *Cultura da convergência*, de Henry Jenkins (2009), essa palavra foi definida de formas diferentes, não se restringindo apenas ao significado técnico, mas também se referindo aos dispositivos que executam diversas funções que antes eram desempenhadas por vários aparelhos, convertendo todas as funções para apenas um dispositivo, como é o caso de smartphones e tablets. Jenkins (2009) aponta que o termo *convergência* é usado também para entender a maneira pela qual uma forma ativa de consumir cultura é proporcionada pelas tecnologias digitais, sendo que o design de interação, e especificamente de games, pode ser considerado uma dessas culturas.

As novas tecnologias digitais, para os que consomem cultura utilizando os dispositivos digitais, possibilitam comentar, parodiar, editar, compartilhar séries, filmes, livros, entre outros. Ainda, elas permitem aos consumidores, usuários ou jogadores reconfigurarem todo o circuito midiático a ponto de fundar uma nova cultura: a cultura da convergência. Essa forma de pensar é empreendida na tentativa de compreender o consumidor, tanto por estudiosos acadêmicos quanto por profissionais de produção no meio digital, o qual inclui os games.

Na cultura da convergência, um termo bastante utilizado é *transmídia*, do inglês *transmedia*, que pode ser definido como diferentes mídias que transmitem conteúdos diversos de forma complementar. Uma postagem no Facebook que tem como complemento informações de um vídeo no YouTube é um exemplo prático de transmídia. Se o público utilizar somente um canal, obterá apenas a mensagem parcial do assunto que está sendo abordado. A transmídia influencia a atitude de contar histórias por meio de várias mídias, com um conteúdo específico para cada uma delas. Os games, de certa maneira, contam uma história, sendo esse um dos motivos para os profissionais que trabalham com interatividade conhecerem a transmídia.

Esse conceito existe há anos, mas, com o avanço de tecnologias digitais e a era da internet, as mídias sociais passaram a desempenhar papel significativo na propagação da informação. Assim, no momento em que pensamos em transmídia, é possível considerar a utilização de várias mídias para contar uma história ou transmitir uma mensagem a determinado público. Por ter esse poder, a transmídia é utilizada como recurso estratégico pela área de marketing, como uma maneira de transmitir uma ideia ao público-alvo – no caso de design de games, aos jogadores – de maneira eficaz, isto é, por meio de recursos que efetivamente atraiam sua atenção.

Aplicar ou fazer transmídia é uma tarefa difícil, o profissional precisa ser multidisciplinar e ter conhecimentos de várias áreas, não apenas de marketing e design de interação. O cinema, por exemplo, é uma área importante, em que são usados diferentes conceitos para contar uma história. A transmídia é um conjunto de mídias que, somadas, contam uma história, sendo que cada mídia tem maneiras específicas e próprias de criar a narrativa, e cada uma delas vai contribuir de forma específica para o enredo final. O grande desafio é utilizar esse conhecimento nas formas de comunicação atuais para estabelecer uma relação eficiente com o consumidor. Isso deve ser feito utilizando interatividade e informação, tornando o site, aplicativo ou game importante para as vidas dos usuários ou dos jogadores desde que eles obtenham as informações que considerem relevantes e apropriadas.

Outro conceito relevante da cultura da convergência é o de crossmídia, ou *crossmedia,* que pode ser definido como o modo de distribuir serviços, produtos e até mesmo experiências por intermédio das diversas plataformas e mídias de comunicação que o mundo digital pode permitir, entre elas os games. A crossmídia distribui a mesma narrativa nos diversos segmentos de mídia, logicamente, adaptando-se às características de cada uma, podendo ocorrer no formato de texto, música, vídeo, aplicativos, entre outros. Nos games, deve-se desenvolver a interatividade de maneira bem específica. Na prática, pode-se utilizar várias mídias, como vídeos no YouTube, imagens e textos em um *blog* ou, ainda, aplicativos específicos para transmitir a mesma informação. Algumas ações que ajudam a utilizar a crossmídia são:

- definir o objetivo a ser atingido com a estratégia;
- planejar a forma como a crossmídia será utilizada;
- listar quais plataformas e mídias serão utilizadas;
- garantir o engajamento do público-alvo, de maneira que ele continue interagindo com cada um dos conteúdos ao longo da experiência.

Para funcionar, a aplicação de crossmídia não deve simplesmente considerar a postagem do mesmo conteúdo em mídias diferentes, como YouTube, Facebook e Instagram, ou inserir uma publicidade paga em game de um dispositivo móvel. É necessário incentivar o usuário, o público-alvo ou o jogador a interagir e consumir o conteúdo nos diferentes meios, de forma que uma complemente a outra.

5.2 Multidisciplinaridade e interatividade

A multidisciplinaridade na interatividade é importante porque, com a grande quantidade de profissionais especialistas em áreas diferentes atualmente, é possível proporcionar visões distintas, pois formações e treinamentos em áreas específicas podem produzir diversidade de ideias. Assim, novos designs mais criativos, métodos inovadores e originais de interatividade podem surgir, e, consequentemente, novas produções de design de games. Essa multiplicidade de profissionais facilita o processo de desenvolvimento da interatividade, do qual fazem parte as seguintes atividades principais:

- identificação de necessidades e estabelecimento de requisitos;
- desenvolvimento de designs alternativos que preencham esses requisitos;
- construção de versões interativas dos designs, de modo que possam ser comunicados e analisados;
- avaliação do que está sendo construído durante o processo.

Nos primeiros projetos em que era necessário desenvolver a interatividade de um produto, as empresas buscavam profissionais como projetistas ou designers de interfaces. Nessa época, o foco principal era a avaliação de produtos e o design que era utilizado em desktops. Sendo assim, o objetivo principal era desenvolver interfaces com interatividade para computadores ou notebooks e, especificamente para os games, relacionava-se ao design de interatividade para os consoles.

Atualmente, com o avanço das tecnologias e o potencial dos produtos que têm interatividade, faz-se necessário o desenvolvimento para criar a interface ideal para cada tipo de projeto. Nos projetos com interatividade, geralmente fazem parte da equipe de desenvolvimento profissionais com funções e características específicas, os quais evidenciamos no quadro a seguir.

Quadro 5.1 – **Relação de profissionais que podem compor uma equipe de projetos interativos**

Profissional	Função
Designer de interação	Responsável pelo design de todos os aspectos interativos de um produto, não somente do design gráfico de uma interface.
Engenheiro de usabilidade	Tem a função de avaliar os produtos utilizando métodos e princípios de usabilidade.

(continua)

(Quadro 5.1 – conclusão)

Profissional	Função
Web designer	Responsável pelo desenvolvimento e pela criação do design visual de websites.
Arquiteto da informação	Tem a função de viabilizar ideias de como planejar e estruturar produtos interativos.
Designer de novas experiências aos usuários	Profissional responsável por realizar todas as tarefas já citadas, mas que também pode realizar estudos de campo a fim de fomentar o design de produtos.

Para cada tipo de projeto, as atividades desenvolvidas pelos profissionais, de certa forma, podem complementar umas às outras – citando um exemplo, sempre é necessário avaliar a usabilidade de um jogo que foi desenvolvido pela equipe de design de interação. Os profissionais mais indicados para essa função são os especializados em engenharia da usabilidade. Caso se identifiquem erros de programação ou de sistema, é importante que estes sejam comunicados aos profissionais de arquitetura da informação. Dessa forma, forma-se um ciclo no qual os procedimentos são distribuídos e navegam por toda a equipe multidisciplinar do projeto. No caso de produtos como os games, a interatividade é um dos fatores mais importantes que devem ser avaliados, após o que deve ser elaborado um *feedback* das alterações que devem ser feitas ou sobre as diretrizes que não foram atendidas.

A multidisciplinaridade facilita a compreensão em relação aos jogadores do game, porque cada tipo de jogador tem necessidades distintas de interatividade; assim, os games precisam ser desenvolvidos de modo que atendam a essa necessidade. Vejamos o exemplo de um game para o público infantil: a interatividade é distinta daquela voltada para um jogo cujo público-alvo são jogadores adultos;

geralmente, as crianças são atraídas por desenhos e personagens animados coloridos, solução que dificilmente funcionaria para o público adulto. Nesse sentido, a interatividade não opera de modo diferente de outros produtos. Assim como roupas, comidas e objetos são desenvolvidos de maneira diferentes para adultos, adolescentes e crianças, a interatividade dos jogos também deve ser específica para cada tipo de jogador. Para facilitar esse processo, existem três características essenciais que devem ser levadas em consideração no momento da criação da interatividade de um game:

1. Os jogadores devem estar envolvidos no desenvolvimento do projeto.
2. A usabilidade específica e as metas decorrentes da experiência dos jogadores devem ser identificadas de maneira clara, documentada e acordada desde o início do projeto.
3. A interação deve ser a preocupação principal em todas as atividades do desenvolvimento do projeto.

No desenvolvimento de design de interação, especificamente para games, fica evidente a importância de se constituir uma equipe multidisciplinar, pois isso possibilita uma abordagem mais ampla de todos os aspectos fundamentais, a fim de propor a melhor interatividade para um jogador.

5.3 Diretrizes de interatividade

As diretrizes de interatividade podem ser aplicadas em vários projetos de design digital, além do design de interação de games –

por exemplo, no design de aplicativos –, sendo também importante levar em consideração a padronização do design. Conhecido tecnicamente como *sistema de design*, cujo principal objetivo é facilitar a uniformização de aplicativos ou games, nessa etapa elabora-se a documentação das descrições, das informações e de todos os elementos necessários ao desenvolvimento de um aplicativo ou game, valendo-se da coleta de dados via on-line ou fisicamente.

Com todas as informações, é possível descrever a padronização dos elementos de um projeto, incluindo a interatividade de um game, auxiliando a aplicação desses padrões em diferentes projetos de design e mantendo a identidade visual nas diferentes aplicações. Por exemplo, a divulgação de um game, que abrange desde o cartão de visitas, todo o material gráfico de papelaria, como papel timbrado e envelopes, e todos os seus materiais promocionais, como canetas, chaveiros, camisetas e brindes personalizados – pode ter a mesma identidade visual com as devidas adaptações.

Na prática, os profissionais de design gráfico estão acostumados a trabalhar com manual de identidade visual. São padronizados elementos como grades, formas, tipografias, iconografias, cores, símbolos etc. Um exemplo prático de padrão em projeto de design são as interfaces dos softwares pertencentes ao pacote Office, da Microsoft: todos os softwares da mesma linha seguem uma padronização de interface, embora tenham funções específicas e, em alguns casos, totalmente distintas.

Para que aconteça essa uniformidade da identidade visual, é importante que se desenvolva um sistema de design que mantenha as referências – por exemplo, no sistema de design e interação de um pacote de softwares, a mesma identidade deve ser seguida em todos os softwares lançados posteriormente. Além de facilitar o trabalho dos desenvolvedores, tantos da área da arquitetura da informação quanto de design, o sistema ajuda nas questões de usabilidade para os usuários, promovendo a identificação de recursos-padrão de um pacote de softwares. No pacote Office, por exemplo, de modo geral, todos os componentes têm a função de salvar e de abrir arquivos e seguem um padrão de formatação dos ícones, das cores e da localização, ou seja, mantêm a identidade visual e de interatividade.

As lojas de aplicativos disponibilizam seus sistemas de design, que são compartilhados para os desenvolvedores com o objetivo de que sejam desenvolvidos aplicativos e games que mantenham a harmonia e as experiências coesas e confortáveis durante a navegação em seus sistemas operacionais. Seguir as diretrizes desses sistemas operacionais, em alguns casos, é uma obrigatoriedade para que o aplicativo ou game possa ser disponibilizado na respectiva loja de aplicativos, principalmente os destinados aos smartphones da Apple, com sistema operacional iOS. Outras padronizações são consideradas apenas recomendações e, caso não sejam seguidas, não influenciarão a aprovação do aplicativo ou game na loja virtual.

De certa forma, o design de aplicativo e de interação acaba recebendo influência do sistema operacional em que rodará. Algumas empresas têm os seus próprios sistemas de design, que recebem os seguintes nomes:

- Apple HIG.
- Google Material Design.
- Microsoft Fluent Design.
- IBM Carbon Design System.

- Salesforce Lightning.
- SAP Fiori.
- Canonical Vanilla Design.

Mantendo o sistema de design de acordo com o sistema operacional, é possível identificar as diferenças visuais e de interatividade de um mesmo aplicativo ou game instalado em um smartphone da Apple com sistema operacional iOS, e em um smartphone com sistema operacional Android. Visando à padronização, algumas empresas disponibilizam bibliotecas e *frameworks* para desktop e *mobile*, já que, para as grandes empresas desenvolvedoras, é interessante que o seu padrão seja seguido, como já mencionamos.

Assim, os usuários/jogadores assimilarão os aplicativos ou games disponíveis nos seus sistemas mais facilmente. O Twitter, o Bootstrap, o Google Material Library e o Microsoft UI Fabric são exemplos de *frameworks* e de bibliotecas cuja documentação está disponível para utilização em aplicativos ou games. Existem, ainda, outras bibliotecas: a React UWP (Fluent Design), a Materialize (Material Design), a Material UI (Material Design), a Ratchet (Apple Guideliness iOS) e a Semantic UI (inspirada na Apple e na Material Design). São inúmeras as vantagens de se utilizar um sistema e/ou uma biblioteca que já estejam prontos, como facilitar o desenvolvimento e a manutenção e colaborar para a satisfação do usuário ou jogador por meio de visual e interatividade já conhecidos, pois já fazem parte do sistema operacional do dispositivo móvel do usuário.

Para manter a uniformidade, algumas diretrizes se tornaram obrigatórias para que a interação de um aplicativo ou game possa ser incluída nas lojas. O Google, por exemplo, inseriu, já há algum tempo, em suas políticas que todos os ícones dos aplicativos ou games de sua loja devem ter formato unificado. A ideia é que, nas telas de smartphones que rodam seu sistema operacional, o Android, os ícones não tenham formatos diferentes, adotando a forma conhecida como *squircle* (em português, "quadrado com cantos arredondados") como padrão. Caso os aplicativos não tenham esse formato, a Google não permite que seus uploads sejam feitos para a loja, o que garante um sistema de design unificado para os sistemas operacionais Android e Chrome OS.

Seguindo à risca as diretrizes de padronização das guidelines propostas pelo Google, verificamos que o objetivo de padronizar ultrapassa os aspectos visuais, incluindo, também, a interação. Caso sejam seguidos os padrões visuais de espaçamento e de tipografia no momento de exibição de lista (por exemplo, se todos os aplicativos ou games disponíveis da loja dispuserem do Floating Action Button no canto direito e do mesmo tipo de botão para as ações secundárias no *header*), encontraremos uma identidade visual associada a todos os aplicativos ou games compatíveis com os sistemas operacionais Android e ChromeOS. Desse modo, o papel do design de interação se torna mais importante ainda no desenvolvimento de um projeto, pois, com todas essas diretrizes, é necessário ter criatividade para diferenciar o game dos demais aplicativos ou games.

Verificam-se vantagens e desvantagens na utilização das *guidelines* sugeridas pelos sistemas operacionais. Um dos aspectos positivos é a familiaridade: o usuário ou jogador se acostuma a utilizar os aplicativos nativos de determinado sistema operacional. Assim, se forem instalados apenas aplicativos ou games que seguem o padrão determinado, facilita-se o entendimento do usuário ou jogador. Esse aspecto está relacionado à satisfação do usuário, à usabilidade do aplicativo ou do game e, principalmente, aos padrões de interatividade que tornarão a operação do aplicativo ou do game intuitiva, pois será similar aos dos outros produtos da Google, citando um exemplo de um game disponível na Google Play.

Por outro lado, há a desvantagem relacionada ao fato de que os usuários/jogadores podem ser confundidos visualmente por tamanha similaridade entre os aplicativos ou games, tornando difícil a identificação do aplicativo em uso, principalmente quando alternarem de um aplicativo para outro.

Se um aplicativo ou game apresenta identidade visual única, o usuário ou jogador, de imediato, consegue identificá-lo, mas é preciso ter cuidado para que não sejam desenvolvidas interfaces contrastantes, que não apresentem um visual agradável e que sejam apenas chamativas, com cores excessivamente vibrantes, por exemplo. É importante manter o equilíbrio quanto à utilização das diretrizes das lojas de aplicativos, visto que, para estudantes e profissionais iniciantes, a opção de recorrer ao *bootstrap*, copiando e colando elementos para montar uma interface, é, de certa forma, recomendada. Isso deve ser feito, principalmente, nos primeiros projetos, com o intuito de minimizar as chances de haver erros de usabilidade do aplicativo ou game, ao mesmo tempo em que se deve tentar seguir as *guidelines* do Material Design o máximo possível. Tal procedimento pode tornar mais consistente a usabilidade do aplicativo ou do game.

5.4 *Frameworks* como facilitadores da interatividade

Os *framework*s disponíveis no mercado apresentam documentação para facilitar sua codificação, tornar mais fácil a manipulação e executar as alterações necessárias à adaptação do projeto de design digital que será aplicado como design de interação de um game, por exemplo. O profissional de designer de games, em conjunto com a equipe de desenvolvimento de *back-end*, experiência do usuário e arquitetura da informação, são qualificados para construir o próprio *framework* e, assim, facilitar mecanismos de interatividade de um game. Existem vários *framework*s já prontos, mas, caso seja constatado que nenhum atenda ao objetivo do projeto de interatividade, ou quando for necessário o controle total sobre o código, e que realmente seja preciso algo afetivamente bem menos complicado ou com quantidade menor de objetos na programação do que os já encontrados possuem, indica-se o desenvolvimento de um *framework* personalizado para atender a essa necessidade.

Para desenvolver a codificação de *frameworks*, a organização, principalmente relacionada à nomenclatura, é importante, sempre lembrando que o objetivo principal de um *framework* é ser utilizado em outros projetos, no caso específico, de interatividade. Ou seja, precisar ser de fácil entendimento para que outros profissionais possam utilizá-lo e modificá-lo. Dessa forma, os componentes e as classes da programação devem ter a melhor organização e padronização possível. Para entender melhor essa questão, Pressman e Maxim (2016) definem *classe* como uma descrição que abstrai um conjunto de funções com características similares, uma descrição das propriedades ou estados possíveis de um conjunto de funções, bem como os comportamentos ou ações aplicáveis a essas mesmas funções.

Na programação de um *framework*, a padronização pode ser apresentada de várias maneiras, por exemplo: .button, .botao, .btn e .bt. Depois de definido o padrão, é importante não esquecer de manter a padronização em suas variações. Observe o exemplo no qual foi padronizado utilizando os caracteres *bt* para definir um botão e, em seguida, as suas variações: .bt-salvar, .bt-enviar, bt-pesquisar, bt-cancelar etc. Com essa organização e padronização, a redundância no prefixo é criada de uma maneira natural, conforme o exemplo: <a href="#" title="salvar" class="bt bt-salvar">Salvar</a>. Com base nesses fundamentos, a codificação do *framework* se torna mais fluida, seguindo-se a mesma linha em outras diferenciações que aparecem. Esses são aspectos importantes porque facilitam no momento da programação de uma interatividade, principalmente quando não existirem codificações diferenciais específicas do componente de botão ou se consistir em uma variação genérica, como apresentado a seguir:

```
/* classe full específica */
<a href="#" title="salvar" class="bt bt-salvar
bt-full">Salvar</a>
/* classe full generica */
<a href="#" title="salvar" class="bt bt-salvar
full">Salvar</a>
```

Nesse exemplo, o que diferencia a classe específica da classe genérica é que, para a primeira, foi necessária a indicação do botão identificado em destaque amarelo como *bt*, enquanto na genérica trata-se de uma alteração do *framework*, no qual não foi necessário identificar esse código. Para facilitar a organização, é recomendável contextualizar para outras classes os seus devidos prefixos, conforme podemos observar no quadro a seguir.

Quadro 5.2 – **Função e indicações de classes para codificação de *framework***

Função	Indicação de classes
Botão	= .button, .botao, .btn, .bt
Tabela	= .table, .tabela, .tbl, .tb
Listas	= .list, .lista, .group
Widgets	= .widgets, .wid
Títulos	= .title, .tit, .tt, .header, .h

Ainda sobre o desenvolvimento de um *framework*, é importante ressaltar que, na organização de nomenclaturas e seu emprego correto no código, não se pode esquecer que o nome utilizado no componente deve vir como prefixo das suas diversificações. Se acontecer de uma das variações ser usada para outros componentes, ela pode ser utilizada sem prefixo, como "full, clear, left, right, error". É importante o mapeamento da nomenclatura e das possibilidades pela equipe de desenvolvimento para minimizar as possibilidades de erros.

5.4.1 Documentação da codificação de *framework*

Todos os códigos e padrões de um *framework* devem estar disponíveis em um único local, e é importante ressaltar que uma das características do *framework* é a de que ele possa ser reutilizado. No desenvolvimento, já se deve pensar que os elementos poderão ser reutilizados, alinhados e harmonizados em outros locais, e não somente no local em que foi pré-desenhado, apenas para uma interatividade específica, por exemplo. É importante lembrar que, se os códigos foram criados para solucionar apenas um projeto, não podem ser considerados *frameworks*, e sim códigos personalizados para aquele sistema ou game específico. Apesar de o desenvolvimento de *frameworks* ser uma área específica de *back-end*, é interessante que os profissionais de design de interação tenham conhecimento, mesmo que básico, desse assunto, a fim de poder manusear códigos e padrões e, assim, auxiliar na criação da documentação de um *framework*.

Para deixar disponíveis os códigos, caso se queira compartilhá-los para o uso livre, é aconselhável criar uma página web a fim de apresentar todos os elementos padronizados e a documentação necessária para que possam ser reutilizáveis. Nessa página, indica-se incluir uma apresentação com toda a lista de componentes padronizados, além de identificar os componentes novos que foram inseridos, informar as melhorias ou as soluções de *bugs* e manter sempre a página atualizada.

Recomenda-se, caso haja um *framework*, a versão para games desenvolvidos em HTML5 para projetos de interatividade de games responsivos, disponibilizando-a em uma página dedicada somente a essa opção – por exemplo, a página pode ter um nome como: padrao-mobile.html, ou algo parecido. Esse procedimento mostra que o *framework* foi construído de forma profissional, aumentando sua credibilidade. Nessa página, também podem ser apresentados exemplos de adaptação da largura do dispositivo pretendida pelo profissional que utilizar o *framework*.

A codificação de um *framework* pode ser construída de maneira totalmente personalizada, utilizando nomes em português, abreviações e padronização que o desenvolvedor achar interessante. É recomendável a utilização do inglês, porque, além de facilitar a lógica da programação, o *framework* pode ser utilizado no mundo inteiro. Mas, além das nomenclaturas, existem alguns itens comuns em quase todos os *frameworks*, sendo importante que no desenvolvimento haja os seguintes componentes: *grid*, tipografia, botões e formulários.

É evidente que cada projeto tem suas particularidades. A definição dessas particularidades é feita pela equipe que desenvolve o projeto, a qual deve ser flexível a respeito desses temas. Deve-se levar em consideração se o layout terá *float* (será flutuante), se as colunas terão um tamanho fixo em *pixels* ou serão flexíveis, se serão ajustáveis de acordo com o tamanho do monitor que é exibido ou as colunas serão responsivas de acordo com o dispositivo que será visualizado. Essas definições normalmente são aplicadas no atributo CSS box-sizing, que muda o *display* do *box-model*, passando a considerar o *padding* e o *border* na hora de aparecer na largura ou na altura final. O *box-model* convencional não considera o *padding* e o *border* na largura e na altura, somando no resultado os valores, ou seja, 300px de largura acaba se tornando 300px + 2px de borda + 10px de *padding* = 312px total.

No componente tipografia, o designer de interação precisa pensar em todos os elementos de textos do *framework*, que normalmente são *links*, títulos, listas, parágrafos etc. É indicado fazer simulações com as combinações possíveis, por exemplo, título grande, parágrafo de duas linhas, título pequeno, parágrafo com três linhas etc., para tentar prever como serão resolvidas essas situações.

A padronização de grupos de botões também deve ser considerada. Normalmente um *framework* dispõe de dois tipos de botões: o genérico e o primário. O botão primário pode ser identificado na programação, por exemplo, .bt-primary é o que executa a função principal de uma página, ou seja, o botão da ação final quando se encerra um procedimento. Já o botão genérico pode ser utilizado em funções variadas que não sejam de finalização, como salvar, cancelar, avançar, *upload* etc. O designer de interação precisa estudar a maneira de diferenciar visualmente a interface do game, uma vez que nela se executam ações diferentes, em que devem ser aplicadas o conhecimento de interface do usuário.

Em relação aos padrões, normalmente apresentam os atributos como: .small, para versão menores, e .full, quando é necessário ocupar uma largura. Os ícones, o desenvolvimento de padronização como .bt-icon e os valores como .bt-disabled (desabilitado) e .bt-loading (carregando) também são importantes no grupo de botões. O designer de interação precisa compreender como as funções desses ícones serão representados na interface do game, uma vez que os conhecimentos de interface do usuário precisam ser aplicados.

Nos formulários, é preciso pensar em como o elemento que compõe os dados pode ser preenchido e de que maneira esses dados podem ser dispostos, como em lista de *checkbox*, *radio*, *select*. Por isso, é importante realizar testes e verificar como eles se comportam em navegadores diferentes, no caso, nos games desenvolvidos em HTML5. O atributo box-sizing, utilizado no *grid*, pode servir para controlar a largura do formulário de forma segura, com o objetivo de que os elementos não fiquem muito longe dos dados inseridos nem ocupem uma linha inteira. Nos formulários, também deve-se levar em consideração que mensagens de erro e informações positivas – como as que informam que os dados foram enviados com sucesso – precisam ser padronizadas, salientando-se que essas funções são dos profissionais de *back-end*, mas é importante o acompanhamento dos profissionais responsáveis pela interatividade de um game.

5.5 Características básicas da interatividade nos games

Os games têm como característica básica a interatividade do jogador com o jogo, que é executado em periféricos conectados a uma televisão, em monitores, computadores, notebooks, dispositivos *mobile* e smart TVs. McGonigal (2011) aponta que games apresentam quatro características básicas: (i) objetivo, (ii) regras, (iii) sistema de *feedback* e (iv) participação voluntária. Os jogadores são motivados a alcançar uma meta, bem como instigados a desenvolver um senso de propósito e a chegar a um objetivo de acordo com determinadas regras. Assim, são direcionados a cumprir desafios e a explorar todas as possibilidades oferecidas pela interatividade do game, que se transforma em um grande motivador para o pensamento estratégico e para a criatividade.

O sistema de *feedback* apresenta para o participante do game sua real localização no jogo, dando-lhe referências das etapas que ainda faltam para alcançar o objetivo traçado. Como a participação é voluntária, presume-se que o jogador tem ciência das regras, do objetivo e dos *feedbacks*. Dessa forma, todas as características devem ser planejadas durante o desenvolvimento da interface *mobile* do aplicativo ou game.

Autores como Katie Salen e Eric Zimmerman (2004, p. 80, tradução nossa) apontam que games têm como base "um sistema em que os jogadores se envolvem em um conflito artificial, definido por regras, que resulta em uma saída quantificável". Já Karl Kapp (2012, p. 18, tradução nossa) define que o game é "um sistema em que os jogadores se envolvem em um desafio abstrato, definido por regras, interatividade e feedback, que resulta em uma saída quantificável e frequentemente provoca uma reação emocional". O autor conceitua que um game apresenta, como característica básica, sistema, jogadores, desafio, abstração, regras, interatividade, *feedback*, saída quantificável e reação emocional.

Sintetizando todos esses elementos, Kapp (2012, citado por Fardo, 2013, p. 44-45) explicita que:

> Juntos, esses diferentes elementos se combinam para construir um evento que é maior do que a soma deles. Um jogador se põe a jogar por que o feedback instantâneo e a constante interação são relacionados ao desafio do jogo, que é definido por regras, tudo trabalhando dentro de um sistema para provocar uma reação emocional e, finalmente, resultar em uma saída quantificável dentro de uma versão abstrata de um sistema maior.

Para ser considerado um game, não basta apenas que um software tenha as características básicas apontadas aqui. Cada elemento citado tem suas peculiaridades e, quando é parte de um todo, fortalece-se, tornando o game um grande atrativo. O design de games é, assim, a área do design direcionada ao desenvolvimento desse tipo de aplicativos, desde a etapa conceitual, passando por rascunhos, esboços e protótipos, até a modelagem 3D – no caso de jogos em três dimensões.

Figura 5.2 – **Exemplo de modelagem 3D**

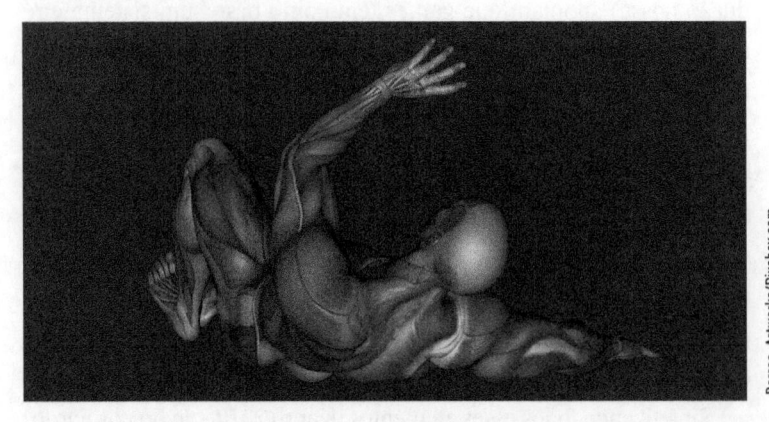

O design de games trabalha em consonância com outras áreas, como de programação e de redação, que são responsáveis por manter a história e o sentido do game, já que todos os games contam uma história.

Nos mais sofisticados, o profissional de design de games é o responsável por coordenar o seu desenvolvimento e trabalha com outros profissionais, como o game artist, que é especializado em arte, em efeitos visuais e em design. O sound designer também é integrante da equipe, responsável pela trilha e pelos efeitos sonoros. Existe, ainda, o profissional de programação específica de games, o game *programmer*. O design de games resulta em projetos que prendem a atenção do jogador por meio do estímulo dos sentidos humanos, como os visuais e sonoros. Sobre o conceito *flow*, que é utilizado no desenvolvimento de games, Mihaly Csikszentmihalyi (2020, p. 14), pesquisador e psicólogo, desenvolveu um trabalho cujo objetivo é definir as condições que proporcionam o estado de felicidade: "desenvolvi uma teoria da experiência ótima baseada no conceito de *flow* – estado em que a pessoa fica tão envolvida numa atividade que nada mais parece importar, em que a experiência em si é tão gratificante que nos entregamos a ela mesmo a um alto preço, pela mera satisfação de vivê-la".

Quando um jogador está imerso em um game, o conceito de *flow* fica evidente. É comum ver pessoas jogando por horas a fio, pois é esse estímulo que o game transmite para o jogador por meio de sua interatividade. Esse elemento também é significativo em um game e só acontece quando o jogador entende o significado que suas ações causarão na narrativa, havendo um engajamento deste com o game. Apesar de serem bastante atrativos para os jogadores, os games podem ser considerados atividades complexas, pois são compostos de vários desafios que exigem atenção e conhecimentos prévios.

Por sua vez, o engajamento refere-se ao poder que o game tem de envolver, sendo ainda considerado uma característica de interatividade. Isso pode ser observado no tempo que jogadores dedicam ao jogo e no número de vezes que retornam ao seu início, com o intuito de jogá-lo novamente. Outros atributos do engajamento que um game proporciona estão relacionados à competição e ao poder de mostrar o resultado de forma pública, principalmente no caso dos games on-line, o que se torna um fator motivador positivo para o alcance de bons resultados. O engajamento pode ser utilizado, igualmente, de forma colaborativa, de modo que as decisões sejam definidas em grupo. Dessa forma, incentiva-se a colaboração dos participantes, ao passo que aspectos lúdicos que incentivam o cumprimento dos desafios apresentados são inseridos no game. Todos esses elementos devem ser considerados durante o desenvolvimento do design de interação de games.

5.6 Interatividade em games para o aprendizado

Os games podem ser utilizados como estratégias pedagógicas na educação, pois proporcionam grande engajamento e motivação aos jogadores para passarem de fase ou finalizarem – principalmente estudantes nativos digitais. Esse público compõe uma geração que cresceu com a revolução digital e são os que mais utilizam tecnologias como smartphones, tablets e videogames (Lazzaro, 2005). Para eles, os jogos eletrônicos utilizados como lazer são parte integrante de sua cultura, visto que geram interesse e motivação em sua prática (Azevedo, 2012).

Os jogos de consoles, smartphones, tablets, entre outros dispositivos, cuja motivação é apenas cumprir tarefas em um mundo virtual, são considerados games, mas também podem ser utilizados seus fundamentos para realizar tarefas relacionadas ao mundo real. Por exemplo, obter conhecimento sobre determinado assunto, sendo esse um dos princípios de gamificação. Esta pode ser utilizada para engajar funcionários, alunos, clientes, entre outros, cujas motivações podem estar voltadas para o batimento de metas, para os clientes adquirirem determinados produtos ou para estudantes aprenderem novos conhecimentos.

Na prática, a gamificação usa os fundamentos dos games para atividades fora do contexto de um jogo. Trata-se do "uso de mecânicas, estéticas e pensamentos dos games para envolver pessoas, motivar a ação, promover a aprendizagem e resolver problemas" (Kapp, 2012, citado por Fardo, 2013, p. 63).

A gamificação atribui valores extrínsecos às atividades que podem não ter muita motivação para determinadas pessoas, mas que precisam ser cumpridas; assim, a gamificação torna a execução dessa tarefa em uma experiência lúdica, mas que procura motivar a participação das pessoas. Nesse sentido, Alves (2015, p. 2) aponta que:

> A aprendizagem e a tecnologia têm muita coisa em comum, afinal, ambas buscam simplificar o complexo. A grande diferença entre esses dois campos está na velocidade. Enquanto a tecnologia evolui muito rapidamente, parecemos insistir na utilização de apresentações de PowerPoint intermináveis que só dificultam o aprendizado, dispersando a atenção de nossos aprendizes que encontram um universo bem mais interessante em seus smartphones.

A capacidade que estudantes nativos digitais têm de se adaptar precisa ser sempre observada pelos professores, que devem tentar introduzir novos dispositivos, aplicativos e games como elementos motivadores para o aprendizado, o que mostra a importância da interatividade.

Existem alguns games que podem ser utilizados com fim pedagógico. O GeoGebra é um software criado com objetivo de ser utilizado em sala de aula com a função de criar construções geométricas por meio de retas, segmentos de retas, pontos, polígonos etc. Nesse programa, é permitido incluir funções e fazer alterações de todos os objetos de forma dinâmica, mesmo após a construção realizada, ou seja, permite muita interatividade. É um software bem prático, pois coordenadas e equações também podem ser inseridas de forma direta; assim, o GeoGebra permite lidar com diversas variáveis para pontos, raízes e números extremos de uma função, reunindo os principais recursos de geometria com outros mais destinados ao cálculo e à álgebra. A gamificação, com o GeoGebra, traz benefício didático e de aprendizado de representação ao mesmo tempo e em um único ambiente visual, apresentando as características algébricas e geométricas de um mesmo objeto.

De uma forma geral, os games e a interatividade sempre fizeram parte da vida das pessoas para vários objetivos, desde o entretenimento até o aprendizado, mas não apenas de matemática, como o GeoGebra. Platão (427-348 a.C.) já apontava a relevância de "aprender brincando", assim como Aristóteles (384-322 a.C.), que enfatizava que a educação das crianças deveria se dar por meio de games, os quais podem simular as atividades dos adultos. Os maias e os egípcios utilizavam games com objetivo de ensinar normas, valores e padrões da vida social. Esses são alguns exemplos do uso de games com objetivo pedagógico e de interatividade ao longo da história.

Diferentemente dos games comerciais, os games pedagógicos têm como principal objetivo não ser apenas mais um mecanismo de entretenimento, mas auxiliar o estudante a compreender e absorver o conhecimento de maneira lúdica, simples e natural, motivado por mecanismos de interatividade. Outro software que pode ser utilizado para fins pedagógico é o Scratch, que, por meio dos recursos de programação visual, permite inserir componentes de interatividade como criar animações, narrativas, entre outros. É um programa bem intuitivo, pois utiliza elementos gráficos que podem ser encaixados como blocos, sendo bem similar ao jogo Lego®.

Aplicar o jogo Scratch na gamificação estimula o aluno, pois os resultados de interatividade são instantâneos, sendo necessário somente clicar em um conjunto ou em um bloco individualmente, como se fossem as construções de Lego®. Conforme se adicionam os blocos, eles aumentam e se tornam algo diferente, ou seja, geram o resultado esperado.

Resnick (2012) aponta que o Scratch pode ser uma ferramenta de criação de animações e simulações no computador de casa e que as crianças podem usá-lo para programar histórias interativas e jogos, além de partilhá-los com uma comunidade on-line – por exemplo, no YouTube. Assim é importante salientar a importância da interatividade nos games e nas diversas áreas em que ela pode ser aplicada, como um facilitador para a aprendizagem, por exemplo.

Gorodenkoff/Shutterstock

CAPÍTULO 6

PROTOTIPAÇÃO E AVALIAÇÃO DE INTERFACES DE USUÁRIO

A prototipação nos projetos de design tem inúmeras funções, as quais podem ser de vários tipos. Nos projetos de design gráfico ou de embalagem, o protótipo pode ter dimensões do tamanho real do projeto final ou pode ser uma miniatura. Esse tipo de protótipo normalmente é utilizado em projetos de grandes formatos, como comunicação visual de fachadas. Já nos projetos de design de interiores existem vários protótipos em tamanho de maquete. Segundo Santos (2006), por meio do protótipo, usuários e desenvolvedores podem interagir avaliando, alterando e aprovando as características da interface e da funcionalidade da aplicação.

Um protótipo pode ser classificado de maneiras diferentes, de acordo com o grau de similaridade com a interface final do produto. Conforme essas características, pode ser classificado como de baixa fidelidade e de alta fidelidade, sendo o último mais similar ao produto final. Um protótipo de média fidelidade de um projeto de design digital, no qual pode ser incluído o design de interação, conforme Moffatt et al. (2003, p. 110, tradução nossa): "Consiste em uma implementação computadorizada com funcionalidade limitada, contendo apenas as funções essenciais para avaliar alguns cenários específicos, já os de baixa fidelidade podem ser considerados como um esboço, um layout sem as funcionalidades aproximadas do projeto final".

A prototipação de alta fidelidade nos projetos de design de interação possui mecânica funcional com linguagem de programação, que evita travamento em diversos dispositivos que serão executados. Ao mesmo tempo, é importante que sejam de fácil navegação, sendo esse aspecto proporcionado pelo design de interfaces do usuário, o qual, além de melhorar a usabilidade de um game, agrega diversos valores, um dos quais é a possibilidade de destaque em relação aos games concorrentes, principalmente quando estão disponíveis em uma loja de aplicativos de dispositivos móveis. Sendo assim, é preciso planejar os elementos que compõem o design de interação nos mínimos detalhes.

Todos os elementos devem ser considerados, desde uma tipografia com boa legibilidade, que facilite a leitura das informações textuais, até, se possível, famílias de fontes que conversem com a identidade visual do game. Fotografias, imagens, composições visuais e ilustrações precisam ter boa qualidade de resolução para que não fiquem distorcidas, conforme as adaptações em diferentes dispositivos nos quais serão executados os games. Em games desenvolvidos com a tecnologia de HTML5 e nos considerados multiplataformas, é importante que se crie uma prototipação para cada tipo de plataforma em que será executada o game.

Esses elementos de tipografia, informações textuais e visuais devem ser organizados de maneira coerente na interface e ser atraentes aos jogadores, para prender a atenção destes pelo maior tempo possível. Na prototipação, é importante salientar que o desenvolvedor tem de se colocar na posição do jogador, para conhecer o perfil e o nível de conhecimento em relação às tecnologias dos dispositivos em que o game será executado, com o objetivo de proporcionar a melhor experiência.

Diante disso, no momento da criação do design de interação, é fundamental pensar nas possibilidades de customização para que o game se adapte ao jogador, aspecto que melhora a experiência e a satisfação deste. É importante considerar todos os aspectos da interface, como a composição das cores de fundo, as tipografias e o fato de os jogadores poderem utilizar os games em ambientes diferentes, internos ou externos.

> Imagine a interface de um game com letras brancas e com fundo claro sendo visualizado sob a luz do sol. Seria praticamente impossível visualizar as informações. Nos aplicativos móveis, embora os próprios dispositivos, como os tablets e smartphones, tenham controle automático de brilho e contraste das telas, todos esses aspectos técnicos são relevantes e devem ser considerados no planejamento e no desenvolvimento da prototipação.

O design de interação também precisa atender às particularidades de cada sistema operacional em que será executado o game e verificar se é necessário elaborar adaptações das funcionalidades. Nos projetos, os designers trabalham em conjunto com os profissionais de programação no intuito de sempre aprimorar a experiência dos jogadores em relação ao tamanho e às adaptações das imagens conforme cada dispositivo móvel ou console, como cores e outros elementos. É imprescindível, assim, conhecer as cores e manter a identidade visual do game, escolhendo a composição e a tonalidade ideais. Mesmo que haja inúmeras possibilidades de uso de cores, é importante haver harmonia com o tema do game.

6.1 Prototipação e animação dos personagens de games

Para manter a identidade visual na prototipação em relação às cores, é fundamental consultar o manual do game, segundo o qual as animações também precisam seguir alguns parâmetros, principalmente nos projetos de games mais complexos. Para isso, é necessário estabelecer a padronização visual dos personagens envolvidos em cada projeto de prototipação de animação de games, de modo que eles possam ser criados por diferentes artistas do desenho, mas mantendo a identidade visual.

Na história da animação, para que essa unificação fosse possível, nos Estúdios do Walt Disney foi criado um departamento de modelo de personagens denominado *character model department*, que cuidava do desenvolvimento dos conhecidos *model sheets,* ou páginas com o modelo. Os desenhistas eram responsáveis por desenhar os personagens de todos os ângulos, para que os animadores e seus assistentes pudessem ter uma visão em três dimensões de cada personagem que iriam animar. Técnicas assim podem ser aplicadas no design de interação de games.

Para se especializar ainda mais, o departamento dos Estúdios Walt Disney chegou a contratar escultores para compreender melhor a forma espacial, ou seja, como os personagens se comportariam. No desenvolvimento dos primeiros personagens desse estúdio, havia preocupação em relação aos mínimos detalhes. Os profissionais buscavam entender melhor como as sombras eram projetadas por meio de esculturas desenvolvidas em argila, que poderiam ser estudados pelos animadores em todas as posições em que iria acontecer uma cena. Para se aproximar ao máximo da realidade do objetivo final da animação, as esculturas também eram pintadas seguindo o modelo das cores de cada personagem.

Essa técnica foi utilizada no filme *Fantasia*, de 1940, que tem um grande número de personagens com bastantes detalhes, que deveriam ser levados em consideração no momento da animação – por exemplo, como acontecia a interação desses personagens com os cenários e os efeitos especiais, como fogos, erupção de vulcões, lava, sombras, gotas e água. Para criação desses efeitos, foram estudados fatos reais e realizados experimentos em laboratório para entender como esses elementos da natureza se moviam. Todos esses aspectos são de fácil identificação no design de interação de um game, sendo importante que sejam levados em consideração no momento da prototipação e da avaliação de interfaces do jogador.

As técnicas de desenvolvimento de esculturas e *model sheets* para servir como base dos personagens ou objetos que seriam animados consistem em padronização da animação profissional que até nos dias de hoje é utilizada, por mais que existam avanços tecnológicos no design de interação de games. O modo como os desenhos eram pintados tinha grande influência na animação final, pois era a última etapa da produção antes de serem fotografados para compor as cenas de animação.

Esses profissionais da pintura deveriam ser muito cuidadosos no processo de pintura das folhas de acetato, pois essas folhas são transparentes, possibilitando que se desenhe o contorno das linhas de cada personagem. A frente das folhas era pintada com tintas opacas em relação às folhas que estavam atrás. Atualmente, os ilustradores digitais utilizam a mesma técnica, mas usando softwares de computação gráfica, como o Adobe Photoshop. Nesses programas, as folhas de acetato são substituídas por camadas (*layers*) e recursos de máscaras de camadas. Nesse sentido, a prototipação pode ser mais otimizada utilizando os recursos das mesas digitalizadoras.

Figura 6.1 – **Interface do software Adobe Photoshop**

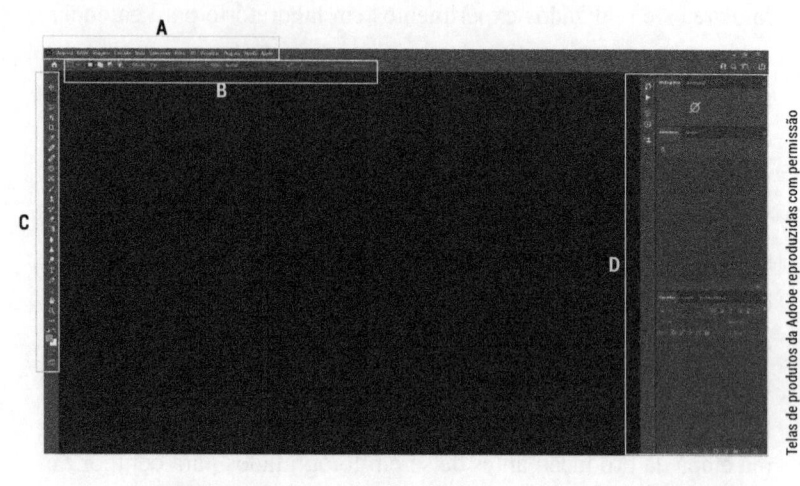

Legenda: A – Barra de menus; B – Barra de propriedades; C – Barra de ferramentas; D – Painéis diversos.

Quando as primeiras animações coloridas foram criadas, constatou-se que a fisionomia dos personagens ficava pesada quando era visualizada na tela, porque os contornos das linhas eram pintados em preto utilizando as folhas de acetato. Para resolver esse problema, criou-se uma técnica batizada como *self-ink-line*, que se limitava a pintar a linha do contorno do desenho com a mesma cor da roupa ou da pele, o que não suavizava, mas escurecia um pouco o tom da cor com a qual era preenchida aquela região. Isso gerou novas possibilidades para pintar os personagens de cartum, pois essa técnica incorporava melhor as cores com as linhas de construção dos personagens.

Todas essas técnicas podem ser facilmente empregadas na prototipação dos personagens de games atuais, razão por que é relevante o conhecimento de como eram desenvolvidas as criações das primeiras animações, tendo os desenhos da Walt Disney como referência.

A evolução da técnica de pintura de personagens coloridos também proporcionou uma sensação mais realista. Foram testadas outras técnicas de pinturas com crayons de cera por cima da área de cor dos acetatos, com o objetivo de criar volume na forma dos personagens pintados em relação aos cenários. Essa técnica é denominada *blend* e é aplicada basicamente com o objetivo de acentuar a cor das bochechas dos personagens ou adicionar pequenas mudanças de tom à área pintada no personagem.

É importante salientar que um dos mais conhecidos softwares de modelagem, animação, composição, texturização e edição de vídeo é o Blender 3D, que também pode ser utilizado para o desenvolvimento de prototipação de personagens. São exemplos de aplicação da técnica *blend* os filmes *Branca de Neve e os Sete Anões*, de 1937, *Pinocchio*, de 1940, e *Fantasia*, também de 1940.

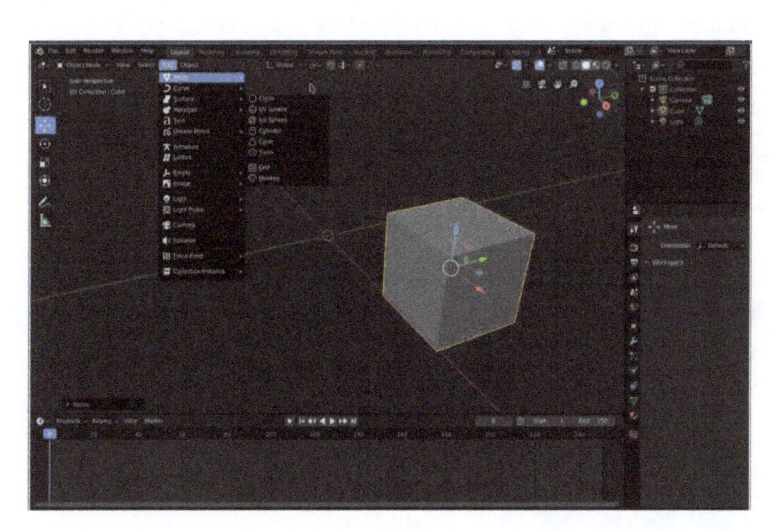

Figura 6.2 – **Exemplo da interface do software Blender**

Fonte: Reprodução Blender, 2021.

Nos primeiros filmes do Estúdio Disney, a melhoria da qualidade elevou o custo da produção de animações, em razão da quantidade de colaboradores que eram necessários para a produção de uma cena. Assim, foi preciso cortar os custos, mas mantendo a qualidade. Para isso, foi preciso criar técnicas com menor custo, principalmente para o departamento de pintura, que tinha grande volume de trabalho e, consequentemente, grande quantidade de desenhistas que deveriam elaborar todos os processos dos desenhos, como os contornos do papel em branco a lápis e a transferência para o acetato. Além da economia de tempo, havia a necessidade de animadores e assistentes para copiar e duplicar a linha dos contornos dos desenhos no acetato, a fim de que fossem perfeitamente iguais, pois, por mais que as linhas fossem traçadas à mão e reproduzidas de maneira minuciosa, nunca chegariam ao modo como foram criadas originalmente.

No final de 1950, nos Estúdios Disney, com a ajuda de engenheiros e técnicos, uma grande máquina de xerox foi instalada, a qual tinha a capacidade de copiar os desenhos dos animadores e dos assistentes diretamente nos acetatos, ganhando tempo significativo do trabalho sem perder a qualidade. A desvantagem desse procedimento era que os contornos voltaram a ser em preto, não mais utilizando tons de pele e de roupas, como era feito em 1920, antes dos aprimoramentos da pintura. Exemplos de filmes com essa técnica são *Os 101 Dálmatas*, de 1961, que criou um estilo próprio na década de 1960, e *Bernardo e Bianca,* de 1977, que utilizou cinza para o contorno dos cenários e do desenho, transmitindo uma sensação melhor de integração com as cores dos personagens.

Para chegarmos ao nível de qualidade de prototipação e avaliação de interfaces de jogadores que são viáveis atualmente, foram utilizadas técnicas com xerox. É importante para os profissionais contemporâneos conhecer essas histórias para quando for necessário resolver com criatividade problemas que podem acontecer em uma prototipação.

Em 1977, uma nova tecnologia passou a ser utilizada para acelerar o modo de se criar uma animação, principalmente a visualização dos testes, pois, após as capturas, era possível visualizar o resultado da animação filmada, não sendo mais necessário o processo de filmar as cenas animadas em película. Esse processo reduziu muito o custo da produção, pois não havia mais as revelações dos filmes, e permitiu maior número de novas experimentações, pela facilidade de visualização, técnica que só foi substituída na década de 1990, com a utilização dos softwares. As técnicas para o desenvolvimento dos desenhos já estavam, então, bem avançadas e suas melhorias só dependiam dos estudos dos artistas, dos desenhistas e dos animadores.

Para criar a prototipação de uma animação de personagens de games, comparando como eram desenvolvidas as animações, é preciso compreender que são necessários três passos básicos:

1. Ter vários desenhos em uma sequência para passar a sensação de movimento.
2. Utilizar câmera de cinema para filmar os desenhos um a um, convertendo-os em imagens de filmes em película, e partir para a terceira técnica.
3. Fazer edição nos rolos de filmes e projetá-los em uma velocidade que passe a sensação de movimento.

Na etapa de filmagem, nas primeiras animações foram experimentadas várias formas de capturar os desenhos das folhas de papel e de acetato, principalmente para não permitir que eles ficassem sempre na mesma posição no desenho, na pintura e na filmagem. A técnica que obteve mais sucesso foi a de fazer um furo nos papéis e encaixar parafusos para prender sobre uma barra de meta. Esse método veio a se tornar padrão nos estúdios de animação pelos animadores, os quais utilizam essa técnica até os dias de hoje, pois facilita criar a prototipação.

Por meio dessa técnica, os estúdios de prototipação de animação criaram suas próprias armações de metal ou madeira para acomodar a câmera de cinema no posicionamento ideal para captura dos desenhos com mais agilidade. Posicionar a câmera e suspendê-la na linha vertical facilitou a fotografia de cada desenho individual, que era colocado sobre uma mesa plana, o que aperfeiçoou a captura de todos os níveis de acetatos, que já estavam pintados e tinham de ser filmados com a maior precisão possível.

O avanço das técnicas de filmagens ocorreu paralelamente às transformações de equipamentos de filmagens, como a câmera multiplana, que permitia que cada nível da cena fosse captada em velocidades diferentes e com efeitos de exposição múltiplas, entre outros efeitos especiais que eram permitidos com o uso dessa tecnologia. Alguns procedimentos com a utilização da câmera multiplana eram muito demorados e de alto custo, motivo pelo qual foram estudadas novas técnicas para passar a sensação de profundidade da mesma maneira que era capturada pela câmera multiplana. As técnicas de filmagem para animação só começaram a ser automatizadas a partir dos anos de 1980 com o uso do computador, que proporcionou a cada nível de animação que fosse capturado com um simples clique do *mouse*.

6.2 **Trilha sonora e prototipação**

Em 1927, o som foi introduzido no cinema, assim como nas animações, que não poderiam ficar de fora dessa nova possibilidade. A grande dificuldade desse processo foi alinhar os desenhos em movimento com a trilha sonora, como marcar antecipadamente os tempos em que aconteciam algumas ações que deveriam ter uma nota com entonação diferente. Como a velocidade não varia de 24 desenhos por segundo, procurou-se uma forma de fixar o quanto de música seria ouvido em cada segundo de filme.

Os músicos passaram, então, a fazer parte do desenvolvimento da concepção do filme nos projetos de animação. No entanto, antes do departamento de animação receber qualquer informação para criar os desenhos sincronizados com o som, os músicos pensavam nas canções, que, no primeiro momento, eram temporárias, pois o animador e o diretor do filme poderiam sugerir alterações. Nesse momento, também já se pensava na gravação das vozes pelos atores, e era nesse momento que se pensava na trilha sonora. Nos Estúdios Disney, os efeitos sonoros foram catalogados e disponibilizados em uma biblioteca, para servir como referência para outros projetos.

Na prototipação de games, a trilha sonora não englobava somente música e vozes, mas também os efeitos dos ambientes naturais, como chuva, ruídos, som de fogo e de vento, portas se abrindo, passos dos personagens, vidros quebrando, tosse, espirros som de tiros etc., e tudo deveria ser sincronizado com os movimentos dos personagens. Os efeitos sonoros têm como função valorizar as ações conforme a interatividade de cada jogador no momento em que este está executando um game. A evolução da trilha sonora na prototipação não restringiu o animador a produzi-la de acordo com o tempo da música, mas considerando diversos fatores, assim como ele poderia sugerir novas atitudes para os personagens.

Nas primeiras animações, para criar e inserir a trilha sonora, era preciso iniciar o processo de animação com uma canção guia, produzindo o *storyboard* da sequência musical, o qual interagia com as propostas do ritmo da música, que, por sua vez, poderia dar uma nova direção ao planejamento inicial. Esse processo era feito na pré-produção, antes de começar as etapas de animação, e se tornou um procedimento sistematizado dentro da indústria do desenho animado. Todas essas técnicas de colaboração entre animação e trilha sonora se transformaram em um padrão para o modelo da indústria do desenho animado desde então, sendo também aplicadas na prototipação no design de interação de games.

As técnicas tradicionais de todas as etapas da animação passaram por grande avanço no fim da década de 1980 e durante toda a década de 1990, em razão das possibilidades que a tecnologia proporcionou, especialmente por meio da computação gráfica. Hoje existem novas maneira de colorir de forma digital, o que aumentou o leque de paletas de cores e tornou possível visualizar na tela do computador o processo de filmagem, os movimentos de câmeras e os ângulos novos, assim como inúmeras possibilidades de edição e efeitos digitais mais complexos, o que reduziu muito a densidade do trabalho e aumentou a qualidade e a sofisticação do projeto final.

A computação gráfica permitiu avanços em todas as técnicas de animação, essencialmente para o layout e o planejamento de cenas, pintura e filmagem, uma vez que não é mais necessário tirar xerox dos acetatos nem pintar de forma manual. Agora as artes são capturadas diretamente para o computador e a coloração é feita digitalmente, por meio de softwares de pintura digital, com ilimitadas possibilidades de tons e efeitos de cores. A computação gráfica trouxe também o desenvolvimento de softwares destinados à simulação de toda a movimentação da câmera, não sendo necessário mais o profissional *cameraman*, que cuidava de filmar um por um os acetatos pintados na sequência da animação. Esse processo demandava, dependendo da densidade do trabalho, dias para sua realização. Hoje, por meio do escâner, os desenhos podem ser pintados diretamente no computador, tornando mais ágil o planejamento das cenas. É possível, ainda, visualizar a influência dos movimentos da câmera, principalmente nos casos em que é necessário transmitir a sensação de profundidade com um nível de dificuldade maior, ações que são desempenhadas facilmente com os softwares de modelagem 3D.

Figura 6.3 – **Exemplo de movimentação de câmera**

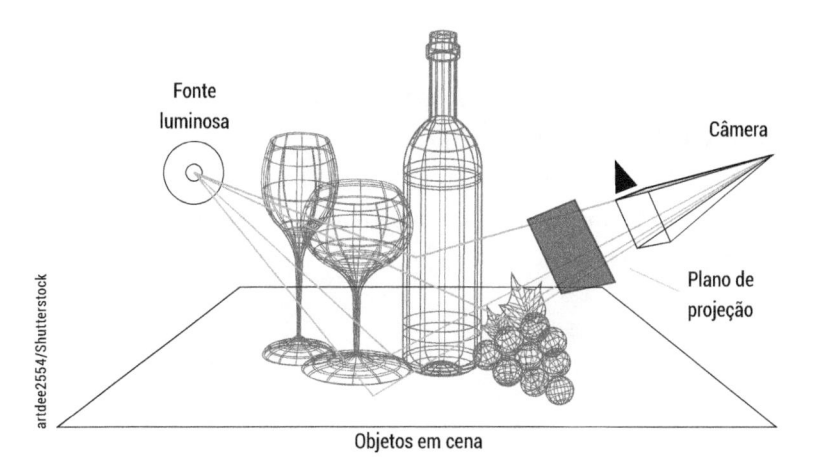

Esses recursos tecnológicos de computação gráfica surgiram para substituir, definitivamente, o uso do acetato, não havendo mais a obrigação de capturar os desenhos um por um, quadro a quadro, por uma câmera de cinema ou de vídeo. Atualmente, toda a montagem e todo o desenvolvimento são feitos digitalmente, e só a finalização das sequências é transferida para película por meio de equipamentos eletrônicos. As novas tecnologias são bem aplicadas na indústria da animação, otimizando o desenvolvimento e gerando diversas ideias que eram limitadas pelas técnicas tradicionais. A aplicação dessas tecnologias no design de games facilita muito a prototipação.

Os softwares de computação gráfica facilitam o tratamento de imagens, com o auxílio de pincéis digitais, lápis, texturas, filtros e efeitos sobre as imagens capturadas por escâner e uma infinidade de cores. Graças ao avanço da tecnologia empregada nesses recursos, agora é possível executar essas funções em um curto espaço de tempo e desenvolver uma prototipação. Entretanto, apenas conhecer e ter acesso a esse arsenal de opções e ferramentas possibilitadas pelo universo digital não é, propriamente, garantia de qualidade do projeto final da prototipação do game avaliação de interfaces do jogador. O design de interação de games, como qualquer outro produto, não se sustenta somente com equipamentos para sua produção; são necessários, também, uma boa história para contar e animadores talentosos para produzir.

6.3 Identidade visual e prototipação

Uma das principais características da identidade visual do design de games é sua referência em relação às cores, sendo primordial analisá-las para criar uma paleta. Para cada tipo de design de games existe uma solução ideal para as cores, sendo que o contraste é um aspecto relevante a ser considerado, pois ele destaca elementos importantes, além de organizá-los. É possível, por exemplo, aplicar uma tonalidade suave e contrastá-la com outros tons mais escuros utilizando as cores da paleta.

É necessário testar as opções e analisar quais se adéquam melhor ao objetivo do game. Simplicidade, em muitos casos, é a solução ideal no design de interação e na prototipação, de modo a evitar a poluição visual e melhorar a visualização da interface do jogador ou dos elementos que são necessários destacar no game. A composição das cores tem função de organização e hierarquização dos elementos; para destacar uma função, um botão ou um texto, por exemplo, podem ser aplicadas cores com tonalidades chamativas, como laranja, vermelha ou roxa.

Além de pensar na aplicação das cores, os elementos na interface devem ser dispostos no lugar correto, com objetivo de direcionar o olhar do jogador que, normalmente, fixa-o nos tons mais fortes para depois observar os mais claros. É importante saber que a escolha das cores deve ser adequada a cada objetivo; cores como laranja e vermelho são quentes e incentivam ações e, por isso, muitas vezes são aplicadas nos botões da prototipação do game.

O jogador pode ser orientado pelas cores aplicadas, sendo recomendável, portanto, que as informações sejam semelhantes em termos de aplicabilidade da mesma cor, seguindo um padrão. Para executar uma mesma ação de interatividade no game, por exemplo, nos diversos momentos que essa ação aparece pode haver uma indicação por meio de elementos que possuem a mesma tonalidade de cor. Para indicar uma ação de perigo, pode-se utilizar cores com tons vermelhos; a cor amarela quando a ação indicar cuidado; e, caso seja uma ação que possa seguir sem nenhum problema, a paleta de cor verde.

Além das cores, os ícones na prototipação são importantes e auxiliam os jogadores na navegação, sendo diversas as ações que podem ser identificadas por meio de imagens ou ícones representativos. No entanto, é preciso ter o cuidado de selecionar ícones compreensíveis pelo público-alvo. No momento da criação dos ícones, é importante considerar aspectos técnicos dos sistemas operacionais e dos dispositivos que vão executar os games, tendo em vista os sistemas operacionais iOS e o Android e que nos dispositivos móveis há somente a identificação de toques na tela no tamanho mínimo de 48 x 48 *pixels*. Por isso, até o tamanho do dedo que tocará a tela deve ser considerado na prototipação e na avaliação de interfaces do jogador. Seguindo esses parâmetros e analisando o tamanho médio dos dedos, é indicado utilizar ícones com 72 pixels, quando receberão toques com os polegares, e ícones de 57 pixels, quando serão acessados pelos dedos indicadores. Utilizando esses parâmetros, são evitados cliques acidentais, melhorando a usabilidade e a experiência com o game.

É importante verificar sempre as diretrizes nos canais oficiais de cada sistema operacional e se há atualizações de parâmetros, pois as tecnologias dos dispositivos estão em constante e rápido avanço.

Na prototipação, também deve ser considerado o local em que será posicionado o menu, pois o tamanho do dispositivo em que o game será executado também é um fator a ser considerado. Nos tablets, por exemplo, a tela é maior e, em alguns casos, o menu pode ficar sempre aberto, diferentemente de quando é visualizado em um smartphone, cuja tela é pequena.

Outro um aspecto a ser considerado é o fato de a maioria da população ser destra. Os menus normalmente são organizados no lado direito, o que facilita o deslizar de dedos para acessá-los; os menus na parte superior também são bastante utilizados, pois é um lugar de destaque. Mesmo que em uma prototipação de design de interação de um game tudo possa ser personalizado, é importante manter a familiaridade com padrões de interação, pois mudanças podem aumentar o nível de dificuldade de compreensão e na utilização do game. No caso específico de desenvolvimento de games, as interações-padrão podem ser utilizadas para executar ações em jogos, ou seja, dependendo do objetivo, deve-se analisar os recursos disponíveis.

Diferentemente de outros projetos de design digital, como o desenvolvimento de websites, plataformas ou portais, a prototipação para games têm o perfil de executar tarefas específicas, ou seja, cumprir com as tarefas e os objetivos dos games. Os games para os dispositivos móveis devem ser claramente objetivos, pois é preciso considerar que são visualizados em telas pequenas, diferentemente daqueles que são executados nos consoles ou nas smart TVs.

A prototipação pode ser desenvolvida de forma totalmente personalizada por uma equipe de designers e programadores, mas também há ferramentas que facilitam o desenvolvimento. Um aspecto importante é que, normalmente, essas plataformas já vêm com um sistema de gestão integrado, no qual é possível obter informações de vários pontos do game, como número de acessos, bem como informações de comerciais de *marketing*, como banco de dados dos jogadores. Por meio dessas informações, é possível gerenciar o envio de notificações para os jogadores, informando atualizações do game, lançamentos, novidades, entre outras informações que promovem o jogo e a atratividade deste.

6.4 Avaliação de interfaces de usuário

A avaliação de interfaces de usuário pode ser executada de várias maneiras, uma das quais ocorre por meio da comparação de elementos com duas possibilidades diferentes, procedimento de teste de design conhecido como *testes A/B*. Esses testes são executados como controle e analisam as experiências dos usuários nas duas variantes, a fim de melhorar a porcentagem de satisfação, ou seja, a aprovação. Dessa forma, os elementos também podem ter variações, sendo possível identificar qual tipo obteve mais resultados positivos. Exemplos de elementos incluem a cor aplicada em um botão, posição, tipografia etc.

Nos projetos de design digital, os testes A/B têm várias aplicações no desenvolvimento de aplicativos, sites, e-commerce, games, design de interação, entre outros, pois podem mostrar qual alteração executada obtém mais resultados negativos ou positivos. Como vimos no Capítulo 3, na prática, o teste A/B pode ser aplicado, por exemplo, com duas versões similares, apenas com a variação dos elementos que são direcionados com o intuito de atrair o interesse dos usuários. Sendo assim, a versão A pode ser usada como controle, ou seja, o game atual sem alterações; e a B, como a nova versão, com as alterações que o departamento de marketing e design de interação julgaram ser necessárias. Há ainda outros tipos de testes, denominados *multivariados* e *de balde*, os quais podem ser tomados como similares ao teste A/B, mas o método aplicado consiste em analisar mais duas versões distintas ao mesmo tempo, seja de um aplicativo, seja de um site ou quaisquer outros projetos de design digital – por exemplo, o da interação de games.

Para a avaliação de interfaces de usuários dos dados dos testes A/B, primeiramente deve-se ter certeza de que foram coletados de forma correta. Nos testes dos projetos de design digital, como o de games, existem diversas ferramentas para mensurar os resultados, portanto, não é necessário monitorá-los a todo momento. Para cada tipo de teste há um tempo mínimo, no qual os resultados precisam ser avaliados, atentando-se para não avaliar os dados precocemente e começar a fazer alterações durante o processo, tendo apenas uma pequena amostra testada. Conforme a estratégia adotada, é recomendável aguardar a quantidade que foi determinada com o objetivo de alcançar números estatísticos significantes, a fim de ter respaldo suficiente para avaliar os dados obtidos dos testes A/B.

Como estratégia para efetuar testes A/B em um ambiente não controlado, ou seja, em um projeto digital que já esteja sendo veiculado ou um game que já esteja disponível para download em uma loja de aplicativos, por exemplo, o tempo para avaliação pode variar de acordo com o volume do tráfego do game. Essa estratégia tem aspectos positivos, pois o teste já está sendo aplicado nos jogadores do game, mas é necessário ter cuidado pelo risco de se lançar um game que ainda não foi devidamente testado. Após avaliar o tempo necessário para coletar os dados dos testes, escolhe-se a(s) métrica(s), ou seja, quais elementos obtiveram os resultados mais satisfatórios. Para a escolha métrica que apontará os melhores resultados, deve-se levar em consideração o objetivo do teste A/B proposto. Por exemplo, caso o foco seja testar a influência da cor de um botão, a métrica indicada é a que aponta o número de cliques desse botão. Assim, na avaliação dos dados do teste, será identificada como vencedora a variação que obteve maior quantidade de cliques, ou toques, no caso de games executados em dispositivos móveis. Esse método pode ser utilizado para analisar quaisquer dados, sempre de acordo com a métrica adequada.

Existem recursos e ferramentas que avaliam dados dos testes A/B, identificam e apontam os resultados. As ferramentas mais sofisticadas fazem as alterações de forma automatizada, mas é necessário perceber se essas alterações manterão a identidade visual do projeto de design digital, principalmente se for um game. É importante salientar que, nos testes A/B, não se devem fazer centenas de mudanças entre as duas versões, isto é, a diferença entre uma "tela" da interface e outra deve se dar apenas em um local.

Após a aplicação de testes – que podem ter como base a metodologia A/B – durante a releitura dos dados, ou seja, a avaliação de interfaces de usuário, caso seja constado que, em uma versão do projeto que está em veiculação, os elementos avaliados obtiveram mais sucesso do que na outra, é recomendável redefinir as estratégias. Nesse sentido, a leitura dos dados deve ser elaborada de forma minuciosa. Se for constatado, por exemplo, que em um título o texto obteve maior resultado do que em outra versão, é importante redefinir as estratégias e manter essa identidade no design das fases que serão produzidas do game ou alterar as que já foram desenvolvidas.

6.4.1 Visão de público-alvo

A visão de público-alvo, no caso específico dos jogadores, é um dos estágios fundamentais no planejamento de qualquer estratégia de design de interação de games para avaliação de interfaces de usuário. O processo de avaliação é o momento de vislumbrar as oportunidades e pode servir como orientação da empresa ou marca em relação ao mercado para desenvolver novos games ou alterar os já existentes.

Nos projetos de design digital, essa visão é importante, pois se refere aos usuários, aos visitantes ou aos jogadores segmentados – um grupo específico que tem um perfil parecido e, assim, deve ser o foco das estratégias. Uma das vantagens da estratégia que inclui o design de interação é a personalização dos projetos de acordo com a visão de público-alvo, ou seja, as necessidades específicas de cada público, conforme idade, questões geográficas, comportamentos etc.

Os hábitos, os desejos, os estilos de vida, as preferências e as necessidades da visão de público-alvo são diferentes, mas as estratégias de marketing e design de interação podem entregar soluções segmentadas e personalizadas para cada necessidade ao analisar os dados corretamente. É importante ter uma visão mais ampla, pois não se trata apenas do usuário, do visitante ou do jogador relacionado a um projeto, mas toda a cadeia que pode ser impactada pela marca ou por quem, de alguma maneira, tem o poder de decisão de compra do game. Por exemplo, nos games infantis, existe até uma legislação que, em alguns casos, não permite propagandas direcionadas a crianças.

A visão de público-alvo é importante por ser o alicerce para o desenvolvimento de todas as estratégias que incluem o design digital, sejam quais forem os recursos para alcançar o objetivo e o melhor posicionamento do game. Seja utilizando os canais de redes sociais, seja se valendo da publicidade paga, seja ainda por meio dos recursos do Google Ads ou do e-mail marketing, para aumentar as possibilidades de sucesso, as campanhas devem ser bem planejadas e objetivas. É importante saber executar a captação de dados de forma correta e entender como utilizá-los e armazená-los, para que sejam organizados de forma que possa gerar informações, interpretando-os com mais assertividade.

Para facilitar esse processo, há algumas ferramentas digitais que podem ser empregadas, por exemplo, os programas denominados *customer relationship management* (CRM), os quais organizam e armazenam dados que geram informações. Uma vantagem desses programas é que, por meio de seus recursos, podem ser emitidos relatórios com gráficos visuais – por exemplo, os hábitos de compras dos usuários com dados organizados.

Embora *insight* signifique entendimento de forma súbita em relação a uma situação, ou seja, a capacidade de compreensão imediata ou uma ideia repentina, ele não surge do nada, mas sim de dados obtidos. Nos projetos de design de interação, novos *insights* de comportamento podem ser gerados ao transformar em informações todo o conteúdo dos dados relacionados à forma como os usuários ou jogadores agem em um site, aplicativo ou game, por exemplo.

6.5 Estratégias de pós-lançamento de um game

Estratégia é uma palavra bastante utilizada em várias áreas, e no design de interação não é diferente: quando uma empresa procura um profissional da área estratégica, busca, na verdade, uma solução. Seja para investir em uma campanha, seja para o desenvolvimento de um game, a solução precisa ter como base métodos bem planejados e executar manobras que permitam o objetivo esperado. Nesse sentido, o profissional de design de interação que apresenta conhecimentos estratégicos se destaca no mercado, uma vez que desenvolve os games com foco estratégico:

> Para alcançar os objetivos é necessário determinar qual a estratégia a ser adotada, as estratégias consistem nas ações que a organização deve realizar para atingir seus objetivos. São estabelecidas com base nos objetivos a alcançar e influenciadas pela missão, visão, crenças e valores, microambiente e situação da organização. (Pasquale; Lammardo Neto; Gomes, 2012, p. 107)

Os avanços tecnológicos proporcionam aumentos quase diários da capacidade de processamento de informações – por meio de computadores, notebooks, smartphones, tablets, internet das coisas (IoT) etc. Ao mesmo tempo, a infraestrutura da internet abre um grande leque de possibilidades, além da quantidade de informações e conteúdos disponíveis, e isso faz com que seja necessário traçar estratégias para a sociedade digital, em que os games estão inclusos. Para isso, primeiramente é necessário compreender como funcionam essas tecnologias e, depois, apresentar soluções para alcançar o objetivo esperado. Uma das principais tecnologias é a dos aplicativos e games.

Aproveitando essas oportunidades, fica fácil constatar a tendência de alguns negócios em migrar para o mundo on-line, mas há os que já nasceram totalmente no mundo digital, como é o caso de algumas *startups*. Todos os tipos de negócios devem encontrar uma forma de marcar a sua presença no mundo digital, sendo os aplicativos e, em certos casos, os games, uma das soluções mais recomendadas.

Existem várias estratégias que podem ser utilizadas no design de interação. Por exemplo, antes de um lançamento, para detectar possíveis problemas, podem ser feitos testes A/B. Assim, após a análise dos resultados, será possível, caso seja necessário, revisar a estratégia e conhecer a visão do público-alvo, principalmente os aspectos relacionados ao comportamento deste. Para avaliar os dados dos testes A/B, é necessário primeiro ter a certeza de que foram coletados de forma correta. Para testes de design de interação, existem várias ferramentas capazes de mensurar os resultados, o que torna desnecessário um monitoramento total dos testes.

Se a estratégia for efetuar testes A/B em ambiente não controlado – por exemplo, testar um projeto de design de aplicativos disponível nas lojas virtuais, como Google Play ou Apple Store –, o tempo de avaliação dos resultados variará de acordo com o volume de tráfego do game. Algumas empresas desenvolvedoras de games utilizam o lançamento de versões beta como estratégia para, justamente, colher dados dos jogadores.

O resultado da avaliação de interfaces pode ser utilizado para indicar as tendências digitais. Nesse sentido, por utilizar pesquisa e identificação de problemas no mercado, o design de interação torna-se importante em diversos aspectos para uma empresa. A comunicação on-line é um exemplo em que se utiliza o resultado dessa avaliação para aumentar a área de atuação de uma empresa ou produto mediante a identificação de problemas no mercado.

Por meio de pesquisa que visa mostrar os problemas que estão ocorrendo e que talvez não estejam evidentes, ou mesmo problemas que eventualmente poderão acontecer, é possível indicar novas oportunidades de atuação de projetos de design digital, que incluem o design de interação de games e, consequentemente, novos negócios para uma empresa, ou seja, as tendências.

Para os levantamentos, podem ser aplicadas pesquisas mais tradicionais, como de participação e potencial de mercado. Essas pesquisas procuram apontar a imagem de uma empresa ou de um game, ou seja, é voltada às características de mercado, à análise de vendas e à previsão de tendências de negócios, cujo resultado pode ser a percepção de mudanças de comportamento dos consumidores ou jogadores, às quais a tomada de decisões visa atender.

Com os resultados das pesquisas, podem ser identificados em um game já existente problemas que não estavam claramente visíveis, mas que realmente existem ou podem vir a existir, sendo importante a ação rápida, antes que os problemas possam tomar proporção maior. Na prática, as pesquisas são feitas por meio dos fornecedores, que podem ser internos e externos. Os fornecedores internos normalmente são os departamentos de pesquisa de mercado dentro da própria empresa, encarregados pela estratégia das pesquisas. Já os fornecedores externos são empresas independentes especializadas em prestar serviços de pesquisas de mercado, normalmente contratadas pelos fornecedores internos para serviços específicos de pesquisa.

A inovação no design de interação no mercado atual é pautada pela inteligência criativa e social, que também pode ser resultado de pesquisas. Observando a história do design, essas características de inovar e propor tendências sempre estiveram presentes em todo o contexto histórico. Para inovar, o profissional de design de interação precisa ter empatia e capacidade de resolver os problemas de forma criativa.

Atualmente, já faz parte do nosso dia a dia a Inteligência Artificial (IA), que está mudando drasticamente o modo de vida das pessoas, além da internet das coisas (IoT – *Internet of Things*), que, embora não seja percebida em muitos casos, está presente em nosso cotidiano. A IoT proporciona soluções importantes em design de interação, pois é possível obter informações do consumo de uma pessoa ou jogador e enviar propostas de compras de produtos diretamente em aplicativos ou games dos smartphones ou até na própria tela de uma geladeira interligada à rede local do cliente.

Os projetos de design de interação geralmente têm como foco as interações, mas o contexto do mercado atual engloba soluções em que deve prevalecer a experiência do jogador. O game design é uma área que tem bastante interação, sendo uma das mais promissoras utilizadas nas empresas para capacitar e treinar colaboradores, além de seu uso tradicional de entretenimento. O mercado de animação e arte multimídia é bastante amplo, incluindo projetos de desenvolvimento de efeitos visuais para filmes, televisão e videogame, e está em evidência atualmente.

6.6 Inovação como estratégia de design de interação

A avaliação de interfaces de usuário pode instigar inovações que podem ser utilizadas como estratégia de design, pois o design de interação, além de ser responsável pelo desenvolvimento de produtos, pode também interagir com outras áreas de uma empresa. Sendo utilizadas para definir estratégias, visando sempre melhorar o posicionamento no mercado, a inovação e a diferenciação como estratégias de design também podem ser utilizadas para possibilitar maior visibilidade de uma marca, além de aumentar a sua confiança. Rocha Neto (1996, p. 22), sobre esse tema, aponta:

> Inovação existente cujas características técnicas, ou de qualidade e preço, melhoram de forma significativa; isto pode assumir duas formas: utilização de componentes com características técnicas melhores ou elaboração de um produto mais complexo, composto pela integração de vários subsistemas, pela melhoria de um deles.

A inovação, em várias situações, é confundida com invenção. Embora, para conceber novos produtos, sejam desenvolvidas pesquisas, é apenas no momento em que determinado produto é lançado no mercado que efetivamente é tido como uma inovação. A inovação e a diferenciação podem ser consideradas duas engrenagens que, juntas, servem como uma excelente estratégia de design. A inovação, de certa forma, envolve pesquisas e estudos que resultam em novos produtos, serviços ou uma junção de produtos e serviços, mas seus princípios também podem abranger produtos já existentes com o objetivo de comercializá-los de uma nova forma.

O design de interação tem um papel importante para os negócios, principalmente pela grande diversidade de produtos existentes e pela concorrência de mercado, não sendo importante apenas por questões estéticas, de usabilidade, de experiência do usuário ou jogador e de interface. O bom planejamento estratégico de negócio, atrelado a produtos com excelente qualidade de design e de tecnologia, tende a apresentar resultados relevantes, pois o diferencial do design influencia diretamente na decisão de compra do público-alvo. Nos projetos de design de interação, em que a experiência do usuário ou do jogador deve ser sempre levada em consideração, é necessário haver equilíbrio para que se produzam projetos que satisfaçam os usuários ou jogadores, mas que também sejam viáveis para o negócio.

Metodologias de inovação e diferenciação são desenvolvidas em ambiente propício à criatividade, por meio de compartilhamento de conhecimentos entre os colaboradores, no qual seja possível implementar novas ideias e, também, experimentá-las. Cada empresa pode adotar a suas próprias metodologias, sendo as mais utilizadas as seguintes:

- *Brainstorming.*
- *Design thinking.*
- Matriz GUT.
- Prototipagem acelerada.
- Radar da inovação.

Essas metodologias estimulam a inovação e a diferenciação. O *brainstorming* consiste em reuniões em grupo com o objetivo de solucionar questões específicas por meio de exercícios que estimulam a mente a explorar o potencial de criatividade individual ou do grupo. Já o *design thinking* consiste em um conjunto de métodos e processos para abordar problemas relacionados a futuras aquisições de informações, análise de conhecimento e propostas de soluções. Trata-se de um conceito muito importante para os profissionais que trabalham com design de interação, razão por que é fundamental que seja revisado e o seu conceito absorvido pelos estudantes e futuros profissionais que pretendem atuar na área.

A terminologia *design thinking* vem sendo muito utilizada em *startup*, área em que o design de interação tem uma forte atuação. O estudo desse assunto propõe alguns fundamentos que auxiliam na compreensão para aplicação de cinco projetos:

1. Redefinir o problema.
2. Abraçar as diferenças.
3. Compreender os valores humanos.
4. Tangibilizar os valores humanos.
5. Otimizar.

Esses são fundamentos importantes do estudo do *design thinking*, os quais podem ser utilizados para estabelecer padrões e tendências digitais que podem ser empregadas nos diversos projetos de design digital, no desenvolvimento de sites, aplicativos, plataformas etc. A Matriz GUT, por sua vez, utiliza três fatores para organizar suas demandas: (i) gravidade, que se refere ao impacto que os problemas podem ter, ocasionando efeitos no longo prazo; (ii) urgência, que é o tempo necessário que se dispõe para resolver determinado problema; e (iii) tendência do problema, que avalia a possibilidade de o problema se agravar.

A metodologia de prototipagem acelerada utiliza ferramentas com o objetivo de diminuir o tempo do processo, a fim de que os planejamentos de design digital alcancem resultado em um período menor, consequentemente, reduzindo o custo de desenvolvimento. Já o *radar da inovação* engloba diferentes dimensões do negócio de uma empresa, na qual as inundações podem acontecer em projetos específicos ou na empresa como um todo.

considerações finais

Nesta obra, você pôde perceber que existe uma grande diversidade de produtos que necessitam de interação com os usuários para que possam realizar diversas tarefas, como a compra de determinado produto em um website ou aplicativo, em que é necessário haver interação com o consumidor. No design de interação especificamente de games, o interator é considerado um jogador, ou seja, tem níveis mais avançados de interação. Dessa forma, o game não é apenas um simples sistema que tem o objetivo de executar determinadas funções; ele apresenta um nível de interação mais detalhado, no qual é importante a preocupação com a usabilidade, conforme apresentado em diversos pontos desta obra.

Conforme vimos, o design de interação dos games não tem como foco apenas o desenvolvimento de jogos interativos que apresentem facilidade de uso, sejam agradáveis e utilizem ferramentas eficazes, mas, principalmente, a visão do jogador. O fator da usabilidade é de extrema importância para que o jogador diferencie um bom ou mau design de interação, como foi apresentado. Mas, além de conhecer todos os elementos que compõem um projeto de design de interação, é importante saber avaliar e testar os produtos interativos, procurando compreender o que está funcionando ou não em uma interface.

Com o auxílio do conteúdo apresentado nesta obra, é possível estabelecer que, para que um sistema de interação humano-computador seja considerado eficaz, como o design de interação em um game, um dos fatores principais que precisa ser levado em conta é a usabilidade do produto. Para que isso aconteça, a participação dos jogadores no momento do desenvolvimento do game é essencial, quando eles podem ser apresentados por meio de pesquisas e definição de personas, sendo possível mensurar os fatores que facilitam a sua interação. De acordo com o que apresentamos neste livro, um dos pontos centrais do design interativo é a criação de produtos que sejam de fácil compreensão e uso, especificamente no que se refere ao design de games para jogadores. Um game difícil de jogar, cuja interação é complicada, está suscetível a fazer menos sucesso, não consistindo em uma experiência agradável para o jogador, mas, ao contrário, desmotivando-o.

Assim, é importante saber qual o nível de interação necessário para cada gênero de game, utilizando o que é mais apropriado para determinada situação e planejando minuciosamente a interface do jogo. Enfim, com base nos conteúdos abordados nesta obra, é possível concluir que, para apresentar soluções relacionadas ao design de interação, é preciso conhecer diversos pontos, como os fatores humanos em interfaces digitais de interação, as formas e os meios de interação que foram apresentados ao longo dos estudos. Além dos conceitos de projeto de interface de usuário, usabilidade e acessibilidade, é por meio dos conhecimentos de prototipação e avaliação de interfaces de usuário que se obtém uma boa experiência de interação com o jogador, o que aumenta as probabilidades de sucesso do game.

Referências

AGNER, L. **Ergodesign e arquitetura de informação**: trabalhando com o usuário. 2. ed. Rio de Janeiro: Quartet, 2009.

ALVES, F. **Gamification**: como criar experiências de aprendizagem engajadoras. Um guia completo: do conceito à prática. 2. ed. São Paulo: DVS, 2015.

AMBROSE, G.; HARRIS, P. **Design thinking**. Tradução de Mariana Belloli. Porto Alegre: Bookman, 2011.

APPLE. **Apple Developer**. 2014. Disponível em: <https://developer.apple.com>. Acesso em: 1º jul. 2022.

AZEVEDO, V. de A. Jogos eletrônicos e educação: construindo um roteiro para sua análise pedagógica. **Renote**, Porto Alegre, v. 10, n. 3, dez. 2012. Disponível em: <https://seer.ufrgs.br/index.php/renote/article/view/36409>. Acesso em: 1º jul. 2022.

BASTIEN, J. M. C.; SCAPIN, D. L. **Ergonomic Criteria for the Evaluation of Human-Computer Interfaces**. Rocquencourt: Institut National de Recherche en Informatique et en Automatique, 1993.

BATISTA, C. R. **Modelo e diretrizes para o processo de design de interface web adaptativa**. 158 f. Tese (Doutorado em Engenharia e Gestão do Conhecimento) – Universidade Federal de Santa Catarina, Florianópolis, 2008. Disponível em: <https://repositorio.ufsc.br/xmlui/handle/123456789/91727>. Acesso em: 15 ago. 2022.

BIOCCA, F. The Cyborg's Dilemma: Progressive Embodiment in Virtual Environments. **Journal of Computer-Mediated Communication**, v. 3, n. 2, 1997.

BLAIR, G. S. The Role of Open Implementation and Reflection in Supporting Mobile Applications. In: Proceedings Ninth International Workshop on Database and Expert Systems Applications, 1998, Vienna, Austria. **Proceedings...** Vienna: IEEE, 1998. p. 394-399.

BRAGA, A. S. **Design de interface**: as origens do design e sua influência na produção da hipermídia. 135 f. Dissertação (Mestrado em Comunicação e Semiótica) – Pontifícia Universidade Católica de São Paulo, São Paulo, 2004. Disponível em: <https://www.pucsp.br/~braga/dissertacao.pdf>. Acesso em: 29 jun. 2022.

BREYER, F. B. et al. **Avaliação de usabilidade no proceso de desenvolvimento de jogos**: definição de métodos de acompanhamento de qualidade para game design. 2006. Disponível em: <https://www.cin.ufpe.br/~sbgames/proceedings/aprovados/23634.pdf>. Acesso em: 1º jul. 2022.

BROWN, T. **Design thinking**: uma metodologia poderosa para decretar o fim das velhas ideias. Tradução de Cristina Yamagami. Rio de Janeiro: Elsevier, 2010.

BUCCINI, M. B. P. R. **Introdução ao design experiencial**. Recife: Edição do autor. 2008.

BUCHELE, G. T. et al. Métodos, técnicas e ferramentas para inovação: brainstorming no contexto da inovação. In: SEMINÁRIO DE PESQUISA INTERDISCIPLINAR, 7., 2015, Florianópolis. **Anais...** Florianópolis: Unisul, 2015. p. 1-21. Disponível em: <http://www.unisul.br/wps/wcm/connect/95eb03a8-996f-4d-78-89e7-e2982649e942/artigo_gt-adm_gustavo-pierry-gertrudes--joao_vii-spi.pdf?MOD=AJPERES>. Acesso em: 1º out. 2020.

CARD, S. K.; MORAN, T. P.; NEWELL, A. **A psicologia da interação humano-computador**. Hillsdale, NJ: Laurence Erlbaum Ass, 1983.

CARROLL, J. M. Human Computer Interaction – brief intro. In: INTERACTION DESIGN FOUNDATION. **The Encyclopedia of Human-Computer Interaction**. Aarhus, Denmark: The Interaction Design Foundation, 2013.

COOPER, A.; REIMANN, R.; CRONIN, D. **About Face 3**: The Essentials of Interaction Design. New Jersey: John Wiley & Sons, 2007.

COUCHOT, E.; TRAMUS, M-H.; BRET, M. A segunda interatividade – em direção a novas práticas artísticas. In: DOMINGUES, D. (Org.). **Arte e vida no século XXI**: tecnologia, ciência e criatividade. São Paulo: Unesp, 2003. p. 27-38.

CSIKSZENTMIHALYI, M. **Flow**: a psicologia do alto desempenho e da felicidade. Tradução de Cássio de Arantes Leite. Rio de Janeiro: Objetiva, 2020.

CSIKSZENTMIHALYI, M. **Flow**: the Psychology of Optimal Experience. New York: Harper & Row, 1990.

CYBIS, W. de A.; BETIOL, A. H.; FAUST, R. **Ergonomia e usabilidade**: conhecimentos, métodos e aplicações. 2. ed. São Paulo: Novatec, 2010.

DONDIS, D. A. **Sintaxe da linguagem visual**. Tradução de Jefferson Luiz Camargo. 3. ed. São Paulo: Martins Fontes, 2007.

FARDO, M. L. **A gamificação como estratégia pedagógica**: estudo de elementos dos games aplicados em processos de ensino e aprendizagem. 106 p. Dissertação (Mestrado em Educação) – Universidade de Caxias do Sul, Caxias do Sul, 2013. Disponível em? <https://repositorio.ucs.br/xmlui/bitstream/handle/11338/457/Dissertacao Marcelo Luis Fardo.pdf>. Acesso em: 15 ago. 2022.

FIDLER, R. **Mediamorphosis**: Understanding New Media. Thousand Oaks, CA: Pine Forge Press, 1997.

FORMAN, G. H.; ZAHORJAN, J. The Challenges of Mobile Computing. **Computer**, Los Alamitos, CA, v. 27, n. 4, p. 38-47, Apr. 1994.

FULLERTON, T.; SWAIN, C.; HOFFMAN, S. **Game Design Workshop**: Designing, Prototyping, and Playtesting Games. San Francisco: CMP Books, 2004.

GARRETT, J. J. **The Elements of User Experience**. New Jersey: New Riders, 2003.

GOMES, R. Vivendo o jogo: Construção do espaço-tempo nos games. In: SANTAELLA, L.; ARANTES, P. (Org.). **Estéticas tecnológicas:** novos modos de sentir. São Paulo: EDUC, 2008. p. 411-420.

GRANDJEAN, E. **Manual de ergonomia**: adaptando o trabalho ao homem. Tradução de João Pedro Stein. 4. ed. Porto Alegre: Bookman, 1998.

HOURIHAN, M. What we're doing when we Blog. **O'Reilly Web Dev. Center Retrieved**, Mar. 2005.

JENKINS, H. **Cultura da convergência**. Tradução de Susana Alexandria. 2. ed. São Paulo: Aleph, 2009.

JORDAN, P. W. **An Introduction to Usability**. Londres: Taylor & Francis Ltda., 1998.

KAPP, K. M. **The Gamification of Learning and Instruction**: Game-Based Methods and Strategies for Training and Education. Santiago: Pfeiffer, 2012.

KOZINETS, R. V. **Netnografia**: realizando pesquisa etnográfica on-line. Tatiana Melani Tosi, Raúl Ranauro Javales Júnior e Daniel Bueno. Porto Alegre: Penso, 2014.

KULPA, C. C.; TEIXEIRA, F. G.; SILVA, R. P. Um modelo de cores na usabilidade das interfaces computacionais para os deficientes de baixa visão. **Design e Tecnologia**, n. 1, p. 66-78, set. 2010. Disponível em: <https://www.researchgate.net/publication/299506422_Um_Modelo_de_Cores_na_Usabilidade_das_Interfaces_Computacionais_para_os_Deficientes_de_Baixa_Visao>. Acesso em: 27 jun.2022.

LAUREL, B. (Ed.). **The Art of Human-Computer Interface Design.** Reading, Mass.: Addison-Wesley, 1990.

LAZZARO, N. Why We Play Games: Four Keys to More Emotion Without Story. **Technical Report**, XEO*Design*, Inc. 2005.

LEE, H.; CHUVYROV, E. **Beginning Windows Phone App Development.** New York: Apress, 2012.

LEE, H. et al. Building Windows Phone Applications. In: LEE, H.; CHUVYROV, E. **Beginning Windows Phone App Development.** New York: Apress, 2012.

LÉVY, P. **As tecnologias da inteligência**: o futuro do pensamento na era da informática. Tradução de Carlos Irineu da Costa. São Paulo: 34, 1993.

LUESCH-REIS, A. M. Comunicação didática e design. In: **Boletim técnico do SENAC.** Rio de Janeiro, 1991. p. 85-106.

LUPTON, E.; PHILLIPS, J. C. **Novos fundamentos do design.** Tradução de Cristian Borges. São Paulo: Cosac Naify, 2008.

MAZZOTTI, K.; BROEGA, A. C., GOMES, L. V. N. A exploração da criatividade, através do uso da técnica de brainstorming, adaptada ao processo de criação em moda. In: CONGRESSO INTERNACIONAL DE MODA E DESIGN, 1., 2012, Braga. **Anais**... Braga: Universidade do Minho, 2012. p. 2979-2987. Disponível em: <http://repositorium.sdum.uminho.pt/handle/1822/29259>. Acesso em: 7 set. 2020.

MCGONIGAL, J. **Reality Is Broken**: Why Games Make Us Better and How They Can Change the World. New York: Penguin Books, 2011.

MOFFATT, K. et al. Participatory Design with Aphasic Individuals. **Extended Abstracts of Graphics Interface**, 2003.

MORACE, F. **Consumo autoral**: as gerações como empresas criativas. Tradução de Kathia Castilho. Alphaville: Estação das Letras e Cores Ltda., 2009.

MORAES, A. de.; AMADO, G. (Org.). **Coletânea de palestras de convidados internacionais e nacionais**: ergodesign e USIHC. Rio de Janeiro: Faperj; iUsEr, 2004.

MURRAY, J. H. **Hamlet on the Holodeck**: the Future of Narrative in Cyberspace. 2. ed. Cambridge, MA: The MIT Press, 1999.

NEIL, T. **Padrões de design para aplicativos móveis**. São Paulo: O'Reilly, 2012.

NIELSEN, J.; MOLICH, R. Heuristic Evaluation of User Interfaces. **Proceedings of the CHI'90 Conference on Human Factors in Computer Systems**. New York: ACM, 1990. p. 249- 256.

OSBORN, A. F. **O poder criador da mente**: princípios e processos do pensamento criador e do "brainstorming". Tradução de E. Jacy Monteiro. São Paulo: Ibrasa, 1987.

PASQUALE, P. P.; LAMMARDO NETO, C.; GOMES, C. L. de C. e C. **Comunicação integrada de marketing**: teoria na prática. Rio de Janeiro: Elsevier, 2012.

PERUCIA, A. S. et al. **Desenvolvimento de jogos eletrônicos**: teoria e prática. São Paulo: Novatec, 2005.

PHONEGAP. **About the Project**. 2014. Disponível em: <http://phonegap.com/about/>. Acesso em: 1º jul. 2022.

PREECE, J. et al. **Human-Computer Interaction**. Reading, MA: Addison-Wesley, 1994.

PRESSMAN, R.; MAXIM, B. **Engenharia de software**: uma abordagem profissional. Tradução de João Eduardo Nóbrega Tortello. 8. ed. Porto Alegre: AMGH, 2016.

PRIMO, A. **Interação mediada por computador**: comunicação, cibercultura, cognição. Porto Alegre: Sulina, 2007. (Coleção Cibercultura).

PRUITT, J.; ADLIN, T. **The Persona Lifecycle**: Keeping People in Mind Throughout Product Design. Burlington: Morgan Kaufmann, 2006.

QUESENBERY, W. Using Personas: Bringing Users Alive, STC Usability SIG Newsletter – Usability Interface. **STCSIG**, 2004.

REIS JUNIOR, A. S.; NASSU, B.; JONACK, M. A. **Um estudo sobre os processos de desenvolvimento de jogos eletrônicos (games)**. 2002. Disponível em: <https://docplayer.com.br/681330-Um-estudo-sobre-os-processos-de-desenvolvimento-de-jogos-eletronicos-*games*.html>. Acesso em: 6 out. 2020.

RESNICK, M. Mother's Day, Warrior Cats, and Digital Fluency: Stories from the Scratch Online Community. In: **Proceedings of the Constructionism 2012 Conference**, Athens, Greece. 2012.

ROCHA, H. V.; BARANAUSKAS, M. C. **Design e avaliação de interfaces humano-computador**. Campinas: Nied/Unicamp, 2003.

ROCHA, I. R. Síntese dos conceitos básicos introduzidos. In: ROCHA NETO, I. **Ciência, tecnologia e inovação**: conceitos básicos. Brasília: Sebrae, 1996. p. 119-143.

ROGERS, Y.; SHARP, H.; PREECE, J. **Design de interação**: além da interação homem-computador. Tradução de Viviane Possamai. Porto Alegre: Bookman, 2005.

SALEN, K.; ZIMMERMAN, E. **Rules of Play**: Game Design Fundamentals. Cambridge: MIT Press, 2004.

SANTAELLA, L. **Navegar no ciberespaço:** o perfil cognitivo do leitor imersivo. São Paulo: Paulus, 2004.

SANTAREM SEGUNDO, J. E. Web Semântica, dados ligados e dados abertos: uma visão dos desafios do Brasil frente às iniciativas internacionais. **Tendências da Pesquisa Brasileira em Ciência da Informação.** v. 8, n. 2, p. 219-239, jul./dez. 2015. Disponível em: <https://brapci.inf.br/index.php/res/v/119595>. Acesso em: 8 out. 2020.

SANTAREM SEGUNDO, J. E.; CONEGLIAN, C. S. Tecnologias da web semântica aplicadas à organização do conhecimento: padrão SKOS para construção e uso de vocabulários controlados descentralizados. In: GUIMARÃES, J. A. C.; DODEBEI, V. (Org.). **Organização do conhecimento e diversidade cultural**. Marília: Isko-Brasil; Fundepe, 2015. (Estudos Avançados em Organização do Conhecimento, v. 3). p. 224-233. Disponível em: <https://isko.org.br/wp-content/uploads/2021/05/Proceedings-ISKO-Brasil-2015.pdf>. Acesso em: 15 ago. 2022.

SANTOS, R. L. G. dos. **Usabilidade de interfaces para sistemas de recuperação de informação na web**: estudo de caso de bibliotecas on-line de universidades federais brasileiras. 347 p. Tese (Doutorado em Design) – Pontifícia Universidade Católica do Rio de Janeiro, Rio de Janeiro, 2006.

SCHELL, J. **The Art of Game Design**: a Book of Lenses. 2. ed. Boca Raton: CRC Press, 2015.

SMUTNY, P. Mobile Development Tools and Cross-Platform Solutions. In: International Carpathian Control Conference – ICCC, 13., 2012, [S.l.] **Proceedings**... p. 653-656.

SOUZA, F. P. de. **O conhecimento atual do cérebro é ainda estruturalista**. Laboratório de Biodiversidade e Evolução Molecular, 2020. Disponível em: <http://labs.icb.ufmg.br/lpf/3-5.html>. Acesso em: 1º jul. 2022.

W3C Brasil – Worl Wide Web Escritório Brasil. Disponível em: <https://www.w3c.br/Home/WebHome/>. Acesso em: 8 out. 2020.

WINOGRAD, T. **Bringing Design to Software**. Reading, MA: Addison-Wesley, 1996.

WINOGRAD, T. From Computing Machinery to Interaction Design. In: DENNING, P.; METCALFE, R. (Ed.). **Beyond Calculation**: the Next Fifty Years of Computing. New York: Springer-Verlag, 1997. p. 149-162.

sobre o autor

Leandro da Conceição Cardoso é professor e mestre em Tecnologias da Inteligência e Design Digital pela Pontifícia Universidade Católica de São Paulo (PUCSP), graduado em Comunicação Social com Habilitação em Design Digital. Docente na Ânima Educacional – Universidade Anhembi Morumbi no curso de Design, é professor do Centro Paula Sousa – FATEC e ETEC, nos cursos de Comunicação Visual, Design Gráfico, Marketing, Eventos, Desenvolvimento de Sistemas, Multimídia, Audiovisual entre outros, sendo coordenador dos Cursos de Design Gráfico e Comunicação Visual. Foi docente nas Faculdades Metropolitanas Unidas Educacionais (FMU) nos cursos de Design de Interiores, Artes Visuais e Fotografia e Analista de Desenvolvimento Pedagógico Senior na Laureate EAD.

É um dos idealizadores da Maratona de Criação na ETEC Albert Einstein e conteudista, validador, revisor técnico, desenvolve planos de ensino para graduação e pós-graduação, para empresas que prestam serviços para diversos clientes como Ânima Educacional, Uninter, Universidade Positivo, Laureate EAD, Kroton, entre outras faculdades e universidades. Foi diretor de arte e criação e atualmente é consultor e presta serviços na área de design gráfico, digital e marketing digital.

Os papéis utilizados neste livro, certificados por instituições ambientais competentes, são recicláveis, provenientes de fontes renováveis e, portanto, um meio responsável e natural de informação e conhecimento.

FSC
www.fsc.org
MISTO
Papel produzido a partir de fontes responsáveis
FSC® C103535

*

Os livros direcionados ao campo do *design* são diagramados com famílias tipográficas históricas. Neste volume foram utilizadas a **Times** – criada em 1931 por Stanley Morrison e Victor Lardent para uso do jornal The Times of London e consagrada por ter sido, por anos, a fonte padrão do Microsoft Word – e a **Roboto** – desenhada pelo americano Christian Robertson sob encomenda da Google e lançada em 2011 no Android 4.0.

Impressão: Reproset
Novembro/2022